吉川精一=著
Seiichi YOSHIKAWA

プロフェッションとしての弁護士
LAWYER AS A PROFESSION

日本評論社

はしがき

　本書は、私が私の弁護士生活の中で日本弁護士連合会（日弁連）機関誌「自由と正義」その他の雑誌に発表した弁護士論をまとめて収録したものである。構成は「第Ⅰ部　弁護士制度改革の課題と方向」「第Ⅱ部　近時におけるアメリカ弁護士の変容」「第Ⅲ部　近時における英国弁護士の変容」「第Ⅳ部　法律扶助制度」から成っている。

　このうち第Ⅱ部及び第Ⅲ部、並びに第Ⅳ部の「英国の法律扶助制度」は、近時におけるアメリカと英国（イングランド・ウェールズを指す）における弁護士および法律扶助制度そのものを扱ったものであるが、それ以外の論文も英米の弁護士に関する諸文献から問題意識を得て弁護士制度や法律扶助制度について考察したもので、その意味では、本書は過去における英米弁護士論の私なりの集大成といえるものである。ただ、その多くは2000年頃までの状況にかかわるもので、今となっては歴史的な意味しか有さないものかも知れない。（各論文の「初出一覧」リストにより執筆の時期を確認されたい。）その後の状況の推移については、新進諸侯のご教示を乞う次第である。

　私が英米の弁護士制度に関心を持つに至った動機は次のようなものである。私は1965年に弁護士登録し、当時はまだ少なかった「渉外弁護士」の端くれとして、アンダーソン・毛利・ラビノウィッツ法律事務所（当時）に入所したが、この事務所で私の生涯の師ともいえる故古賀正義弁護士（2023年95才で逝去）に出会った。古賀弁護士は、ジェローム・フランクの「裁かれる裁判所」やロイド・P・ストライカーの「弁護の技術」の訳者としてつとに知られていたが、同弁護士の書架には英米の弁護士制度、司法制度に関する書籍が多数あった。興味半分でそれらの一部を手にするうち、英米（特にアメリカ）の弁護士、司法が社会で果たしている役割の大きさに驚嘆した。当時の日本の弁護士数は約7,000人程度で、その守備範囲も狭く、また、司法の役割も極めて限定的であったのに対し、当時のアメリ

カの連邦最高裁判所は「ウォレンコート」の時代で、ブラウン事件判決や、ベーカー対カー事件判決等によって社会を一変させる制度改革を成し遂げていた（そして弁護士の団体であるアメリカン・バー・アソシエーション〔ABA〕は最高裁判事任命につき大きな発言力を持っていた）のである。ウォレンコートはアメリカ連邦最高裁の歴史の中でも特別な存在だったともいえ、また、現在のアメリカ最高裁の状況を見ていると、アメリカ流のいわゆる「司法積極主義」がどこまで適切であるのかについては疑問も感ずるが、当時の連邦最高裁は私の関心を引き付けるに充分であった。また英国には極めて充実した法律扶助制度が創設されていた。

このように、私が英米の司法制度、弁護士制度に強い関心を持つに至った中で、古賀弁護士は1972年第二東京弁護士会会長に就任し「弁護士制度調査特別委員会」を設置して、弁護士制度の比較研究プロジェクトを立ち上げた。私はこのプロジェクトに参加し、「英国の弁護士制度」と「アメリカの弁護士自治」の調査研究を担当することとなったのである。

折しも、1970年代は英国と米国において弁護士制度、司法制度は「革命的」ともいえる大きな変化が始まっていた時であった。英国ではバリスター・ソリシターという弁護士「二元制度」を中核として、様々な規制（ソリシターを介さないバリスターによる直接受任の禁止、勅選弁護士〔QC〕制度、バリスターによる上級裁判所での「弁論権」の独占、ソリシターによるすべての裁判所における「訴訟遂行権」の独占等）が存在していたが、改革派経済学者や独占合併委員会（Monopolies and Mergers Commission 日本の公正取引委員会に相当）を中心にこれら規制の撤廃ないし緩和が唱えられる一方、1974年の法律扶助法により「世界一」といわれる充実した法律制度が誕生した（英国の弁護士制度については拙著『英国の弁護士制度』（日本評論社、2011年）を参照されたい）。

一方、アメリカにおいては1970年代に弁護士数が急増した（10年間で約11万人増加し、1980年代は全米で50万人となる）。また、ラルフ・ネーダーなどによる消費者運動が盛んになった中で、連邦最高裁判所は1975年のゴールドファーブ事件で弁護士会の定める最低報酬制度は反トラスト法に違反するとの判決を、また1977年のベイツ事件では弁護士広告の禁止

は連邦憲法修正1条に違反するとする画期的判決を次々と下した。さらに、1975年にはリーガル・サービシーズ・コーポレーションが発足し、初めて政府資金による法律扶助制度が開始したのである。

英米におけるこれらの変化は、弁護士に対するアクセス障害という積年の問題解消への取組みであったが、その根底には世界を席圏しつつあった新自由主義の経済思想があった。1979年において英国でサッチャー首相、1980年において米国でレーガン大統領という「新自由主義者」の政権がそれぞれ誕生したことを想起すべきである。

これら英米における弁護士制度改革の動きは、グローバリズムの波に乗って1980年代から日本にも伝播してきた。まず弁護士増員の動きが起こり、1965年に約7,000人であった弁護士人口は2000年には17,000人（2022年には44,000人）に増加した。また、1986年には貿易摩擦の一環として外国人弁護士の活動容認を求める米国政府等の要求により、いわゆる外弁法（「外国弁護士による法律事務の取扱いに関する特別措置法」）が成立した。そして1989年には長い間タブーとされていた弁護士広告が部分的に解禁され、その後2000年には本格的に弁護士広告が自由化された。一方、日弁連の長年の努力が実り、2006年にはようやく日本司法支援センターが発足し、公的資金による法律扶助制度が誕生した。

これらの動きは弁護士制度にとどまらず、司法制度全体を改革しようとする国民的関心、特に経済界の動きの中で起こったものであった。即ち、経済同友会は1994年6月「現代日本社会の病理と処方」という報告書を発表し、司法が立法、行政をチェックする三権分立の一権としての本来の機能を回復すべきことを主張し、個人にとって身近な司法の確立と抜本的司法改革への着手を提唱した。また、経団連は1998年の「司法改革に関する意見」の中で、「経済社会の基本的なインフラとしての司法制度の充実が今こそ必要」とした。これらを受けて1999年には内閣に司法制度改革審議会が設置され、同審議会は2001年6月最終意見書を発表した。その結果、同年11月司法制度改革推進法が成立し、この法律に基づいて、2004年法科大学院開校、2006年4月司法支援センター（法テラス）開設、2009年5月裁判員制度施行などの諸改革が次々に行われるに至った。こ

れらは従来「二割司法」などといわれていた日本的システムを当時「グローバル・スタンダード」となっていた英米の制度に倣って改めようとするものであり、弁護士制度の諸改革もその一環として主として弁護士へのアクセス障害解消を目的としてなされたものである。

　これらの動きの中で、私は英米の弁護士制度改革に関する若干の知識をベースにして日本の弁護士制度改革の課題と方向について考察し本書第1部所収の論文を世に問うたものである。私は弁護士へのアクセス障害克服は極めて重要と考えていたので、当初英米における改革を肯定的に受け止めていた。しかし、英米の文献を読み進めるうち、多くの論者がアクセス障害克服のための規制緩和の過程で新たな問題が生じていることを指摘していることに気付いた。その問題とは弁護士層の分断（そしてこれによる弁護士の統一的理念の喪失）と弁護士業務の「産業化」による弁護士の「プロフェッション性」の喪失ないし希薄化という現象である。具体的には、弁護士は大企業を顧客とする「ビジネス・ロイヤー」と中小企業や個人を顧客とする「町弁護士」との間の分断が進行して、弁護士全体としての統一的理念が持てなくなる一方、弁護士の最大の関心事は私欲（金儲け）になり、その結果、弁護士倫理の低下、「生きがい」を喪失した弁護士の増加、弁護士の内部分裂と弁護士自治の弱体化などの弊害が生じているというものである。この問題はABAも認識し、1986年「プロフェッショナリズムに関する委員会」は「弁護士のプロフェッショナリズム再興のための計画」という報告書を発表した。また、連邦最高裁のレンキースト長官も1986年、インディアナ大学ロースクールで行った講演で、懸念を表明している。

　前述のように、弁護士の「産業化」現象は弁護士へのアクセス障害克服のための規制緩和の副産物として生じたといわれているが、そうであるならば、これは我々に対し規制緩和と弁護士の「プロフェッション」性の維持は両立できるのか、否どのようにしてこの二つを両立させるべきかという問題を突き付けているように思われる。私は弁護士のプロフェッション性が希薄になり、職業の分断が進行すればやがては弁護士自活の弱体化に繋がるのではないかと危惧しており、そうならないことを強く望んでいる。

本書所集の諸論文はすべてこのような願いから執筆されたものであり、本書のタイトルも「プロフェッションとしての弁護士」とさせて頂いた。
　本書出版にあたっては、同社が要求される水準に達していない内容であろう本書出版を承認いただいた日本評論社と、出版にご尽力頂いた同社柴田英輔氏に厚く御礼申し上げる。

2024年8月

吉川精一

目　次

第Ⅰ部　弁護士制度改革の課題と方向

第1章　規制緩和とプロフェッショナリズム　2
1　「法化社会」への転機　2
2　弁護士制度改革の遅れ　3
3　規制緩和問題の重要性　3
4　規制緩和論の問題点　5
5　何をなすべきか　8
6　むすび　11

第2章　グローバル・スタンダードを越えて　14
1　はじめに——司法改革への動きとその背景　14
2　わが国弁護士制度の「ミニアメリカ化」の可能性　16
3　アメリカ弁護士制度の光と陰　19
　(1)　「法化社会」の担い手　19
　(2)　アメリカ弁護士制度の抱える問題　20
　　(i)　産業化の実態　20
　　(ii)　生きがいを喪失した弁護士の増加　22
　　(iii)　弁護士の内部分裂と弁護士自治の弱体化　23
　　(iv)　産業化への批判とパラダイム変換論　24
4　弁護士制度改革の課題と方向　26
　(1)　「アメリカ化」への対応　26
　(2)　制度改革の基本的方向　26
　　(i)　弁護士へのアクセス障害の克服　26
　　　(a)　規制緩和の必要性と問題点　27
　　　(b)　アクセス障害克服のための積極的施策　28

(ii)　プロフェッショナリズムの堅持　29
　5　結論　31

第3章　改革とプロフェッショナリズム
　　　　──再び今後の弁護士制度について　32
　1　はじめに　32
　2　改革の必要　33
　3　プロフェッショナリズムの必要　34
　4　「プロフェッション」の定義と反プロフェッションの感情　35
　5　弁護士批判の本質　39
　6　プロフェッショナリズムは不要か？　40
　7　プロフェッショナリズム維持のために何をなすべきか　41
　(1)　プロフェッショナリズムの社会的有用性の認識とPR　41
　(2)　教育　42
　(3)　弁護士自治の維持強化　44

第4章　21世紀の弁護士像　47
　1　はじめに　47
　2　わが国弁護士業務に変化をもたらす要因　47
　(1)　「法化」社会への変容　47
　　(i)　経済のグローバル化と規制緩和　48
　　(ii)　企業の行動原理の変化　48
　　(iii)　行政手続の透明化と情報公開　48
　　(iv)　市民の権利意識の変化　49
　(2)　司法改革の影響　49
　　(i)　司法改革の背景　49
　　(ii)　弁護士人口の増加　50
　　(iii)　弁護士制度の規制緩和　50
　　(iv)　弁護士に対する市民のアクセス障害克服のための諸施策　51
　　(v)　司法の容量の拡大と裁判手続の効率化　52

(vi)　法曹一元制度　52
　3　弁護士業務の変化　52
　(1)　職域の拡大と新しい活動分野　52
　　　(i)　企業法務　53
　　　(ii)　市民事件　53
　　　(iii)　新分野への進出　53
　(2)　専門化　54
　(3)　事務所経営の変容　55
　4　新たな課題　56
　5　何をなすべきか　60
　(1)　弁護士へのアクセス障害の克服　60
　(2)　プロフェッショナリズムの堅持　61

第Ⅱ部　近時におけるアメリカ弁護士の変容

第5章　アメリカの弁護士自治（試論）　64
　1　はじめに　64
　2　アメリカにおける弁護士自治の歴史　65
　(1)　アメリカ独立革命まで　66
　　　(i)　概説　66
　　　(ii)　弁護士自治　68
　(2)　独立から1870年まで　70
　　　(i)　概説　70
　　　(ii)　弁護士自治　72
　(3)　1870年以降　74
　　　(i)　概説　74
　　　(ii)　ニューヨーク市バー・アソシエイションの設立とその影響　75
　　　(iii)　ABAの結成・発展とその影響　76
　　　(iv)　インテグレイティッド・バーの運動　77

3　アメリカにおける弁護士自治の現状　79
　　(1)　弁護士の団体　79
　　　(i)　概説　79
　　　(ii)　各州のバー・アソシエイション　80
　　　　(a)　概説　80
　　　　(b)　構成　81
　　　　(c)　機関　81
　　　　(d)　目的・活動　82
　　　(iii)　ABA　83
　　(2)　弁護士に対する監督　84
　　　(i)　弁護士資格の授与　84
　　　(ii)　綱紀の維持および懲戒　85
　　4　現在のアメリカにおける弁護士自治の特質　87
　　(1)　法曹一元制度　88
　　(2)　裁判官任命過程におけるバー・アソシエイションの影響力　89
　　(3)　弁護士階層と権力との距離が近いこと　90
　　(4)　ゆるい結合――弁護士自治の内部的問題　91
　　(5)　バー・アソシエイションの保守性　91

第6章　1970年代以降におけるアメリカ弁護士の業務環境の「革命的」変化　93

　　1　はじめに　93
　　2　アメリカの弁護士に対する批判の高まり　93
　　3　弁護士会の最低報酬基準は違法――ゴールドファーブ事件　97
　　4　弁護士の広告の解禁――ベイツ事件とその影響　98
　　5　法律扶助　100
　　6　グループ（プリペイド）・リーガル・サービス　101
　　7　継続教育の義務付けと弁護士会による専門の認定　103
　　8　新しい「非弁」問題　104
　　9　ABA弁護士責任典範の全面改正作業――公共活動の義務化？　106

10　アメリカの弁護士業務の今後　107

第7章　アメリカにおける弁護士業務の「産業化」と
　　　　その日本への影響　110

  1　はじめに　110
  2　欧米における弁護士業務産業化の実態　110
   (1)　アメリカ「弁護士産業」の巨大化　112
   (2)　弁護士事務所の巨大化と国際化　112
   (3)　弁護士の行動原理及び職業観の変質──「非職業化」　114
  3　諸変化をもたらした原因　118
   (1)　広告制限などの弁護士倫理を自由競争阻害的と見る立場の台頭とベイツ事件判決　118
   (2)　顧客と弁護士事務所の安定的関係の崩壊と競争の激化　119
  4　産業化の評価と展望　121
  5　日本への影響の可能性　124
   (1)　外国法事務弁護士制度「自由化」への圧力　125
   (2)　「渉外弁護士」の増加とその影響　125
   (3)　諸環境の変化と弁護士の意識の変化　126

第8章　危機に立つアメリカの弁護士　127

  1　はじめに　127
  2　プロフェッションではなくなったこと　127
  3　二極化と階層化──職業の一体性の喪失　128
  4　利益至上主義の蔓延　130
  5　社会全体に奉仕できていないこと──極端な企業法務偏重　132
  6　不満・不安・不幸を感じている弁護士の増加　134
  7　弁護士過剰　135
  8　おわりに　137

第Ⅲ部　近時における英国弁護士の変容

第9章　英国における弁護士の二極化と弁護士自治の弱体化　140
   1　はじめに　140
   2　ソリシターの二極化現象　140
   3　二極化による弁護士自治の弱体化　141
   4　我が国で同様な事態は起こるか？　143

第10章　1980年代以降における英国弁護士制度の急激な変容とその背景　145
   1　はじめに　145
   2　弁護士制度に関する主要立法成立の経緯と概要　146
   　(1)　1985年裁判法　146
   　(2)　1989年グリーンペーパー　146
   　(3)　1990年裁判所及び法的サービス法　148
   　(4)　1999年司法アクセス法　150
   　(5)　クレメンティ報告書　150
   　(6)　ホワイトペーパーと2007年法的サービス法　152
   3　主要分野における制度の変容　155
   　(1)　弁護士の規律機関（弁護士自治）　155
   　　(i)　ソリシター　155
   　　(ii)　バリスター　157
   　　(iii)　弁護士による綱紀・懲戒と苦情処理を監視する第三者機関の創設　158
   　(2)　バリスターによる上位裁判所弁論権独占の廃止　158
   　(3)　ソリシターによる訴訟遂行権独占の廃止　160
   　(4)　バリスターによる直接受任　161
   　(5)　勅選弁護士制度　161
   　(6)　事務所の経営形態の大幅自由化　162
   　(7)　法律扶助　164

4　英国弁護士制度変容の背景　166
　　(1)　弁護士制度の不合理性　167
　　(2)　弁護士に対する批判の高まり　167
　　(3)　1960年代以降における弁護士批判勢力の登場　168
　　(4)　サッチャー政権による「伝統の破壊」　169
　　(5)　弁護士という職業の変容と弁護士会の弱体化　171
　　(6)　巨額の公費を投じた法律扶助制度の存在　173
　5　おわりに　174

第11章　近時における英国弁護士制度変容の中でのABS制度　176
　1　はじめに　176
　2　1990年頃より現在までの弁護士制度の変容　176
　　(1)　二元主義の実質的廃止　176
　　(2)　新しい「法律職」の公認　177
　　(3)　業務に関する規制緩和　178
　　(4)　法律扶助制度の「効率化」　179
　3　弁護士という職業の変容　180
　　(1)　人口増加と多様化　180
　　(2)　産業化・非職業化　181
　　(3)　ソリシター内部の分裂・二極化　181
　4　ABS導入の経緯　182
　5　2007年法によるABS制度の概要　183
　6　ABSの実施状況　184
　7　ABSと対抗するビジネスモデル――フランチャイズ　187

第Ⅳ部　法律扶助制度

第12章　新しい法律扶助制度への提言　190
　1　法律扶助協会をめぐる最近のうごき　190
　2　法律扶助事業に対する発想の転換の必要　190

3　現行法律扶助制度の問題点　192
　(1)　財政的基盤の弱体　192
　(2)　扶助内容の時代性　193
　(3)　運営体制のぜい弱さ　194
　(4)　PR の不足　194
  4　制度改革を阻害しているものは何か　195
  5　何をなすべきか　196

第13章　英国の法律扶助制度　198

  1　制度の概要　198
　(1)　概説　198
　(2)　「法律扶助」制度の概要　199
　(3)　「法律相談」制度の概要　201
　(4)　法律扶助制度の財政的基盤と制度の運営　202
　(5)　統計　203
　(6)　法律扶助制度の弁護士への影響　204
　(7)　今後の問題　204
  2　法律扶助制度の歴史
　　　──シートン・ポロック著『リーガル・エイド──最初の25年間』の紹介　205
　(1)　はじめに　205
　(2)　英国法律扶助制度の基本原理　205
　(3)　法律扶助制度創設に至る経緯　206
　　(i)　前史　206
　　(ii)　ラシュクリフ委員会の創設と報告書の公表　207
　　(iii)　ラシュクリフ委員会報告書による新しい法律扶助制度の実施　208
　(4)　新制度の内容　209
　(5)　最初の10年間における実施状況　209
　(6)　1959年から1969年まで　210

(7) 新しい発展 212
(8) 総括 214

初出一覧

第Ⅰ部　弁護士制度改革の課題と方法
　第1章　規制緩和とプロフェッショナリズム
　　　　原題「規制緩和とプロフェッショナリズム――21世紀への課題」自由と正義47巻1号（1996年）37頁以下
　第2章　グローバルスタンダードを越えて
　　　　原題「グローバルスタンダードを越えて――弁護士制度改革と方向」自由と正義50巻8号（1999年）108頁以下
　第3章　改革とプロフェッショナリズム
　　　　原題「改革とプロフェッショナリズム――再び弁護士制度について」自由と正義51巻9号（2000年）36頁以下
　第4章　21世紀の弁護士像
　　　　原題　吉川精一＝川端和治「21世紀への招待」中の「Ⅰ　21世紀の弁護士像」日本弁護士連合会編集委員会編『21世紀弁護士論』（2000年）425頁以下
第Ⅱ部　近時におけるアメリカ弁護士の変容
　第5章　アメリカの弁護士自治（試論）
　　　　原題「アメリカの弁護士自治」第二東京弁護士会編『弁護士自治の研究』（日本評論社、1976年）173頁以下
　第6章　1970年代以降におけるアメリカ弁護士の業務環境の「革命的」変化
　　　　法律時報53巻2号（1981年）46頁以下
　第7章　アメリカにおける弁護士業務の「産業化」とその日本への影響
　　　　原題「諸外国における弁護士業務の『産業化』とその日本への影響」自由と正義42巻1号（1991年）31頁以下
　第8章　危機に立つアメリカの弁護士
　　　　自由と正義67巻10号（2016年）54頁以下

第Ⅲ部　近時における英国弁護士の変容
　第9章　英国における弁護士の二極化と弁護士自治の弱体化
　　　　自由と正義60巻10号（2009年）57頁以下
　第10章　1980年代以降における英国弁護士制度の急激な変容とその背景
　　　　法の支配156号（2010年）5頁以下
　第11章　近時における英国弁護士制度の変容とABS制度
　　　　原題「近時における英国弁護士制度変容とABS制度」森際康友編著『職域拡大時代の法曹倫理』（商事法務、2017年）第4章
第Ⅳ部　法律扶助制度
　第12章　新しい法律扶助制度への提言
　　　　大野正雄＝古賀正義＝萩原金美＝吉川精一＝山川洋一郎編『現代社会と弁護士（別冊判例タイムズ3号）』（1977年）205頁以下
　第13章　英国の法律扶助制度
　　　　原題「イギリスの法律扶助制度」日本弁護士連合会編『法律扶助制度研究資料集』（1979年）89頁以下

第Ⅰ部

弁護士制度改革の課題と方向

第1章

規制緩和とプロフェッショナリズム

1 「法化社会」への転機

　21世紀を4年後に迎えるこの時において、日本の弁護士制度・司法制度が大きな転機を迎えている。ここ数年間、外国弁護士問題がガット、ウルグアイ・ラウンド交渉の中心テーマの一つになり、弁護士人口問題が行革審で取り上げられ、また、1993年6月には衆議院法務委員会において法律扶助制度の抜本的改革の要望が全会一致で決議されている。これほど弁護士制度に密接にかかわる問題が次々と国民的関心を呼んだことはかつてなかったと思われる。

　一方で、経済同友会は、1994年6月に発表した「現代日本社会の病理と処方」という報告書の中で、司法が立法・行政をチェックする三権分立の一権としての本来の機能を回復することを主張し、個人にとって身近な司法の確立と抜本的司法改革への着手――「司法改革推進協議会」（仮称）の設置を提唱している。また、近時における行政手続法や製造物責任法の制定、株主代表訴訟制度の改正及び私訴を重視するための独占禁止法の改正の動き、等はいずれも行政手続や経済活動に司法をもっと参加させようとする国民的合意を反映するものとみられる。

　このように、従来「2割司法」などといわれ、国政の片隅に置かれていた司法が表舞台の一角に位置しようとしているのは、つい最近まで「ジャパン・アズ・ナンバーワン」等を賞賛されていた日本的システムがもろくも破綻し、かつ国際化の進展の中で行政手続や経済活動の透明性と法の支配の浸透が求められているからに他ならない。そして、弁護士制度に対する国民的関心の高まりは、このような社会の「法化」の傾向の中で市民が弁護士に対し、強い期待を持っていることを示している。

このような状況は日弁連が進める司法改革運動の大きな柱である司法の容量の拡大の方向に沿ったものであり、弁護士にとって歓迎すべきことである。

2 弁護士制度改革の遅れ

　ところが、このような状況は弁護士に対し従来にもまして重い課題をつきつけている。それは、弁護士のサービスを社会の津々浦々にまで伝達するという課題——即ち、弁護士に対するアクセス障害を除去する、という課題——である。この課題は、古今東西を問わず弁護士という職業にまつわりついて来た課題であった。1970年代頃から欧米で始まった弁護士制度改革運動は、弁護士へのアクセス障害に対する市民や進歩派イデオローグの批判から始まったものである。その結果、例えばアメリカにおいては、弁護士会の最低報酬基準は違法との連邦最高裁判決（1975年ゴールドファーブ事件）、広告禁止は憲法違反とする連邦最高裁判決（1977年ベイツ事件）、法律扶助制度への巨額国庫資金の投入、プリペイド・リーガル・サービス制度の充実、弁護士会による弁護士専門認定制度の発足、等の重大「事件」が次々と起こったのである。

　これに対し、今まで日本においては弁護士に対するアクセス障害の改善が思うように進まなかった。日弁連は司法改革の大きな柱としてこの問題に取り組み、その成果として前記した法律扶助制度抜本改革のための衆議院法務委員会の決議を得るに至ったが、この制度改革も未だ緒についたばかりである。今後、前記のような社会の「法化」が進行すれば、弁護士の活躍の場が拡大する反面、弁護士に対するアクセス障害を除去することの重要性・緊急性が高まることは当然である。我々はこの重い課題に全力で取り組まなければならない。

3 規制緩和問題の重要性

　弁護士に対するアクセス障害の問題に取り組むにあたり、我々が避けて

通れない最重要課題は、弁護士業務の規制緩和・自由競争促進の問題である。

というのは、この問題こそ、弁護士という職業の根幹にかかわるものであるとともに、今後弁護士制度議論の中心となっていくものと予想されるからである（このことは昨今の弁護士人口をめぐる議論の中で既に実証済みである）。いうまでもなく、弁護士は規制された業務の最たるものである。弁護士は法律業務独占という特権を与えられる一方、その資格は厳格な公的試験をパスした者にのみ与えられ、厳しい職業倫理の遵守が要求されている。このような規制が存在するのは、弁護士という職業の公共性とそのサービスの特殊性——顧客が市場においてサービスの質を的確に判断できないこと——の故であると考えられる。しかし、時代の進化とともに、このような規制の少なくとも一部は、弁護士サービスの受け手たる市民を保護するどころか、逆に市民に不利益を与えていると感じられるようになって来たのである。英米において、最初に弁護士の規制——職業倫理を含む——の見直しを迫った勢力の中心が消費者運動家や進歩的経済学者であったのはその故である。しかし、その後規制緩和論の中心はイギリスのサッチャー前首相のような、市場経済・自由競争論者の手に移っていった。サッチャー首相のもとで英国史上かつてなかった弁護士業務の「自由化」が行なわれたことは記憶に新しい。そして今や弁護士業務の規制緩和は世界的潮流であり、また、これは弁護士という職業に質的変化をもたらしつつある。この事実は、我が国においても規制緩和問題への対応が21世紀の弁護士のあり方に重大な影響を与えることを示している。

さて、我が国における規制緩和論者の代表は、棚瀬孝雄京大教授[1]と、那須弘平弁護士[2]である。

例えば、那須弁護士は、①弁護士に対する規制の一部、即ち複数事務所

---

1) 棚瀬孝雄『現代社会と弁護士』（日本評論社、1987年）。
2) 那須弘平「弁護士職をめぐる自由と統制」宮川＝那須弘平＝小山稔＝久保利英明編『変革の中の弁護士(上)』（有斐閣、1992年）107頁。

の禁止、営業制限、広告の禁止、隣接関連業種との共同事務所経営に関する規制、等は弁護士業務の自由な競争を不必要に制限し、結果的に国民の利益を損ね、やる気のある弁護士の意気を挫いていると思われるので、その撤廃ないし緩和が必要である。②日本においては弁護士業務の質の維持は国家ないし弁護士会による統制によることを基本とし、自由競争原理を排除して来たが、今後は前記のような規制緩和及び弁護士人口の増加によって自由競争を促進すべきである、ことを主張されている。

このような規制緩和論の指摘の多くは基本的に正当なものである。例えば、弁護士に関する情報開示が不十分で、市民がどの弁護士に頼めばよいか分からない、という実情がある。また、複数事務所の禁止、営業制限、隣接関連業種との共同事務所経営に関する規制等も弁護士の自由な業務活動や職域の拡大等を不合理に拘束する側面のあることも事実であろう。そして、何よりも、弁護士間の競争を促進して弁護士のサービスの消費者が、より良いサービスをより安価に提供する弁護士を選べるようにすべきである、という論者の主張──「消費者主権」の主張──には、弁護士のアクセス障害克服という観点からみて一定の説得力がある。我々は現在の規制が真に合理的なものか否かを検討し、不合理なものを改めていくべきである。

4　規制緩和論の問題点

しかしながら、規制緩和論は弁護士に対するアクセス障害克服の特効薬とはならない。即ち、規制緩和論は弁護士に対するアクセス障害のうちの最も困難な部分、即ち経済的弱者の持つアクセス障害を充分克服できない、という問題点を持っている。規制緩和論は市場原理によって問題の解決を図ろうとするものであるが、市場原理が有効に機能するためには、サービスの買い手が市場に参加し、サービスの品質や価格条件を的確に判断してこれを取捨選択する能力を備えていることが必要である。しかし、多くの経済的弱者は弁護士サービスの市場に参加できないか、又は弁護士サービスの特殊性の故にその品質や価格条件を的確に判断できないのである。

ニューヨーク大学のエリオット・フリードソン教授は、職業には個人を

サービスの受け手（顧客）とするもの（例えば医師）と企業等の組織を顧客とするもの（例えば技師、大学教授）とあるが、弁護士は個人と企業の双方を顧客としている事実に言及している。そして同教授は、顧客の種類によって弁護士と顧客との力関係が異なっていること、即ち、顧客が「少数で、社会事情に通じ（sophisticated）、組織化され、かつ政治的・経済的実力を持つ」（以下、便宜上「企業顧客」という）場合には弁護士との力関係が強いのに反し、顧客が「多数で、組織化されておらず、互いに異質で、個々的には政治的・経済的実力を持たない」（以下、便宜上「個人顧客」という）場合には、弁護士との力関係が弱いことを指摘している。この分類に従うならば、弁護士自由競争論は企業顧客との関係では極めて有効であるが、個人顧客の多くは市場から排除されるか、広告等によっても弁護士のサービスの質を的確に判断できないために彼等との関係ではあまり有効性を持ちえない。

　このことは、弁護士人口の激増と弁護士広告自由化により、高度の自由競争が実現しているアメリカの実情を見れば明らかとなる。かつて、消費者運動家ラルフ・ネーダーらは、「90パーセントの弁護士が10パーセントの国民にのみ奉仕している」として弁護士を批判したが、この状況が弁護士人口の急増や広告の自由化によって大幅に改善したという兆候はない。個人顧客、特に貧困者への弁護士サービスの伝達が改善されたとすれば、それは法律扶助制度やプリペイド・リーガル・サービス等の施策の成果であって自由競争のためではなく、むしろ、最近では、自由競争論者レーガン大統領の頃から始まった法律扶助への政府支出削減により、司法的救済を受けられる人とこれを受けられない人の格差はますます拡大しているとの指摘もある。

　弁護士の規制緩和論にはもう一つの、より根本的な問題がある。それは、その弁護士の職業観、特にプロフェッション性の意識への影響である。規制緩和論者の那須弁護士はプロフェッション論の見直しを唱え、従来の弁護士プロフェッション論は弁護士の公共性を強調しすぎ、弁護士の個人的価値ないし私的利益を軽視してきたのを見直すべきである、と主張されている。また棚瀬教授は、弁護士は依頼者・市民に親しまれない状況を克服

するために、公共奉仕的活動を行なっているが、これは、市民に公共奉仕こそ弁護士の役割であり、通常の業務は「金儲け」として汚れたイメージと見られたり、無償奉仕は依頼者を一段低いところに落とす心理的効果をもたらすために、かえって「親しみにくさ」を増幅していることを指摘されている。

　これらの考え方は、弁護士も営業的利益を追求していることについて他のビジネスと変わらないにもかかわらず、弁護士側の「公共性」の意識が弁護士と顧客との関係を歪める結果を生んでいる。むしろ、市場原理の導入によって両者の対等かつ正常なものに引き戻すことこそ必要である、とするものである。

　このような考え方は、行きつくところ、弁護士に「公共性」は必要か、という問題を提起するものである。論者によれば、あらゆるビジネスが社会的有用性を追求しているのであって、「公共性」は弁護士にのみ特殊なものではない、また、逆に、弁護士は依頼者に対しその必要とする良質なサービスを提供すれば足りるのであって、格別「プロフェッション」である必要はない、ということになる。この立場からすれば、アメリカ等で起こっている弁護士の産業化現象も必ずしもこれをマイナスに評価する必要はないだろう。

　しかしそうであろうか。私は弁護士は「プロフェッション」であり続けるべきであり、その変質——産業化——は可能な限り防止すべきものと考える。アメリカでは産業化の結果、弁護士の最優先目標はいかに利益を上げるかになったといわれる。このような金儲け志向は倫理の荒廃を生み、濫訴や訴訟引き延ばし等の現象を生んでいる。そして産業化の最大の犠牲者は、弁護士のサービスから切り捨てられる経済的弱者である。かくして、市民の弁護士に対する不信は高まり、弁護士の内部からも職業の危機を叫ぶ声が上がっている。例えば、「裏切られた職業（The Betrayed Profession）等の著者であるソル・リノウィッツ弁護士は、このままの状態が続けば、政府が弁護士を直接監督することもありうると警告している。

　事実、弁護士のサービス産業化が進行し、弁護士業務が一般のサービス業と変わらなくなれば、当然、弁護士制度とは何か、という問題が持ち上

がる。それは究極的には弁護士による法律業務独占や弁護士自治制度の是非の問題にまで行き着くであろう。弁護士に法律業務の独占が認められているのは、弁護士業務が各弁護士の経済的利益追求のための道具ではなく、司法制度の一翼を担い、社会公共の期待に応える役割を果たしているからである。もしこの側面が希薄になれば、なぜ弁護士に法律業務を独占させる必要があるのか、という疑問が提起されるのは当然であろう。

　もちろん、現在の規制緩和論者もここまで主張されているわけではない。しかし、一旦公共性を中心としたプロフェッショナリズムの精神が放棄ないし緩められた場合には、勢いの赴くところ右の方向につき進む可能性がある。現在、アメリカは既にその徴が見えている。ただアメリカでは弁護士の政治的力が極めて強いため、弁護士制度が根本的に覆されることはないであろう（ちょうど日本の官僚制度がどのような行政改革の圧力にも耐えて来たように）。しかし、日本においては、そのような保証はないことを我々は覚悟しておくべきである。

5　何をなすべきか

　以上のことは、今後21世紀にかけて弁護士に課せられた課題がいかに困難なものであるかを物語っている。我々にとっての大きなジレンマは、一方で弁護士サービスの顧客の立場に立った改革を行なう要請があり、自由競争の促進や規制緩和はそのための一つの有効な手段である反面、それが弁護士のプロフェッション性を弱め社会の不信を買う結果をもたらすおそれがある、ということである。

　それでは、我々は今後何を目標とし、何をなすべきであろうか。私は大きくいって二つのことを強調したい。第1は従来にも増してプロフェッションの精神を昂揚し、かつこれを具体的施策の中に取り入れることである。弁護士の未来を予測すれば、人口の増加が既定事実となった今、好むと好まざるとにかかわらず、自由競争は促進され、また、規制緩和も進行するであろう（日弁連自身、既に弁護士法人化や複数事務所の容認等の規制緩和措置を検討している）。さらに、既に始まっている弁護士の顧客層・業務内容・

事務所規模・所得・地域等に基づく多様化は一層進展するであろう。このような中で、その現状に合わせるようなプロフェッション論の見直し——弁護士の公共性を強調しすぎた傾向を改め、個人的価値や私的利益追求をより重視する——を行えば、弁護士は一挙に産業化への道を進むことになると思われる。むしろ、このような傾向へのカウンター・バランスとしてプロフェッション精神の昂揚を促すことこそが前述のジレンマを克服する唯一の方法であろう。言い換えれば、弁護士の産業化への傾向をプロフェッションの「イデオロギー」によって中和する必要があるのである（産業化が進行したアメリカにおいて、プロフェッショナリズム再興運動が必死に叫ばれていることを教訓とすべきである）。

また、弁護士の多様化の結果、職業の一体性が希薄になる傾向が生ずるであろう。このような傾向に歯止めをかけ、弁護士が一つの職業として結束し、その社会的使命を果たしていくには、プロフェッションの精神をその結集軸とする必要がある。

そのためには、具体的施策として、弁護士研修等による職業倫理の徹底や綱紀の維持を図ることはもとより、プロ・ボノ活動の強化を行なうことが重要である。プロ・ボノ活動の義務化も真剣に検討すべきである。かつて、ABAの倫理基準検討委員会（委員長の名をとって「キュータック委員会」といわれた）は、1983年に改訂された弁護士倫理改訂作業の中でプロ・ボノ活動の義務化を提案した。この提案は激しい論議の末否決されたが、最近フロリダ州は正式にプロ・ボノ活動の一部義務化を採用し、全米で注目されているという。日本でも、1992年に第二東京弁護士会が「会員の公益活動等に関する会規」を制定したが、その実施は必ずしも徹底されていない。

各弁護士が若干のプロ・ボノ活動を行なっても、それ自体が大きな成果を達成することはないであろう。しかし、それが一人ひとりの弁護士に公共性の自覚を促す精神的意義は決して小さくないと考えられる。

第2は、前記フリードソン教授の分類による個人顧客が弁護士のサービスにアクセスできるようにするための具体的施策、特に、法的扶助制度の抜本的改革、弁護士紹介制度の改善、法律相談の一層の拡充、弁護士過疎

地対策、等に全力で取り組むべきである。前述のように、企業顧客の場合には、弁護士人口が増加すれば格別の施策がなくても、まさに市場原理の機能によって弁護士のサービスに対する需要を満たすことができる。しかし、個人顧客の場合には、弁護士に対するアクセス障害は少なくなく、弁護士人口が増加しただけではアクセス障害はなくならない。したがって、前記のような施策が早急に講じられない場合には、増加した弁護士人口の多くが企業顧客を求めて過当競争を演じる一方で、国民の大多数を占める個人顧客への弁護士のサービスの伝達が不十分なまま、という不正常な状態が生じる可能性がある。そして弁護士の顧客層が企業顧客にのみ偏るようになれば、そのことが、弁護士の産業化への傾向に拍車をかけるであろう。個人顧客のアクセス障害を除去することによって全ての顧客層に満遍なく弁護士のサービスが行き渡るようにすることは、この観点からも必要である。

　ところで、アクセス障害克服の方策として、しばしば論じられるのが弁護士個人広告の全面自由化である。原理的に言えば、広告は弁護士に関する情報を広め、消費者によりよい弁護士を選択する機会を与える手段として優れた面を持っている。また、現代社会において適切な表現・方法による広告をも「弁護士の品位を汚す」ものとみるのはあたらないと思われる。したがってこのような観点からは、広告を自由化すべきであるように見える。

　しかし、広告の自由化には隠された大きな問題が横たわっている。アメリカで弁護士の職業観の変化をもたらした大きな原因の一つは弁護士広告の禁止を違憲とした連邦最高裁のベイツ判決であるといわれている。この事件は、離婚・商品クレーム・遺言等の一般市民事件を扱う地方弁護士が原告となった事件であり、一般市民の弁護士へのアクセスを容易にする制度改革が必要とするリベラル派判事が多数を構成して、広告禁止を違憲とした判決であった。その意味ではこれは極めて進歩的な判決だったのであるが、この判決の多数意見は弁護士のビジネスとしての側面を強調することによって前記結論を導いたのである。その結果、この判決は、弁護士業務をビジネスと考えることに対する心理的抵抗を取り払い、弁護士業務産

業化の精神的支柱を提供したのである。私は初めてアメリカ連邦最高裁のベイツ判決を読んだとき、多数意見に共感したが、その後のアメリカ弁護士産業化の現状とそれに果たしたベイツ判決の役割、さらに最近におけるABA等による広告自由化への反省の態度を見るとき、広告の全面自由化にはにわかに賛成し難いものを感ずる。また、仔細に検討してみると、現実問題として弁護士広告により市民の必要とする情報を適切に伝達できるのかについても疑問がないわけではない。しかし、今後広告自由化は弁護士制度議論の一つの焦点になっていくと考えられるので、我々にはこの問題を緊急に再度検討する必要があると思われる。

6 むすび

今後、日本社会の「法化」と弁護士人口の増加によって弁護士の社会的存在感が大きくなると共に、弁護士に対する社会の期待も風当たりも強くなるであろう。そして、市民は弁護士が開かれた職業であると同時に公共的存在であることを期待している。我々は、時代を先取りした改革を行いつつ、しかもプロフェッショナリズムを堅持する、という困難な課題を背負って21世紀を迎えることになるのである。

追記

今回のシリーズにおいて規制緩和論者は、「市場の論理」や「消費者主権」の立場から脱プロフェッション論を展開された。

このような、消費者の立場からする弁護士制度への批判は今に始まったものではない。イギリスにおいては、Abel-SmithとStevensが1967年の名著"Lawyers and the Courts"において、弁護士の行動を規制した弁護士倫理の中には弁護士の特権的立場を守るための反消費者的なものも少なからず存在することや、日本の弁護士会に相当するバー・カウンシルやロー・ソサエティが弁護士の利益を守るための「労働組合」的活動を行なってきたことを指摘した。また、アメリカにおいては、1960年代に昂揚し

た消費者運動の流れの中で、1970年代以降、消費者主権の立場から弁護士制度に対する批判が高まった。かくして、最低報酬制を反トラスト法違反とし（ゴールドファーブ事件）、広告規制を違憲とする（ベイツ事件）連邦最高判決が相次いで出されるとともに、多くの分野で大きな改革が行なわれたのである。

　私は当時、これらの主張や改革に同感するとともに、将来弁護士という職業に大変革の嵐が吹くことを予感した。この予感は的中し、1980年代になって、弁護士制度には大きな変化が訪れたのである。しかし、この変化は、必ずしも当初私が望ましいと思っていたものではなかった。反消費者的慣行を是正し、弁護士に対する市民のアクセスを容易にすることを目標として始まった制度改革は、一部その目標を達成したかに見える反面、弁護士の産業化という副産物をもたらしたのである。

　私には、プロフェッション論の核心はこの産業化現象の評価にあるように思われる。規制緩和論者は弁護士の産業化に肯定的立場だと推測される。論者は、弁護士がプロフェッションという旗印を持っていることが、弁護士を特権化したり、市場の論理を否定したりするマイナスの結果を生み出しているとされるのであるから、弁護士はむしろ産業化すべきであるとされるのであろう。これはある意味で、弁護士にとって気楽な選択である。けだし、この主張は弁護士は公共性などということは考えずにもっと正々堂々と私利の追及に走れ、というものだからである。現に論者は、個々の弁護士による私利追及の社会的集積によって公益が実現されると主張されるかの如くである。

　しかし、私はこのように楽観的にはなれない。弁護士が公共的職業であるとの自覚の下に高い倫理を維持する、という軛から解放されたときは、モラルの荒廃を生み、社会の厳しい批判にさらされることを危惧するからである。

　弁護士はプロフェッションである必要はない、むしろこれを特別な職業とすべきではない、という考え方は過去にも存在した。その最たるものはアメリカのジャクソニアン・デモクラシーの時代である。この時代、「平等主義」が社会を席捲し、弁護士資格も極めて緩やかな条件を満たすこと

により与えられた。例えば1850年、インディアナ州では、「選挙権を有する、善良な品性の者はすべてこの州の裁判所において法律事務を行なうことができる」という明文が憲法に挿入された。しかし、その結果、弁護士は倫理的に荒廃し、充分に社会的使命を果たすことができない状態となった。その後1870年代になって、ABAが結成されたのを契機にプロフェッションとしての倫理意識の昂揚と弁護士自治の強化が企てられ、次第に弁護士がかつての社会的地位を回復したのである。アメリカにはこのような歴史があるが、現在の産業化現象が一層進展すればこの歴史が繰り返されないとは限らない。現に、現在ABAが懸命にプロフェッションの再生を叫んでいるのはこのことを裏書きするのではなかろうか。

　私は弁護士の規制緩和や自由競争を否定するものではない。市民のアクセス障害となるような規制は撤廃すべきである。また、一般論としては競争促進は消費者の利益になるであろう。ただ、今後弁護士人口が増加すれば黙っていても自由競争は進む。これをスローガンにするまでもない。そして、このような状況になればなるほど、我々はプロフェッショナリズムの旗を高く掲げる必要があると思う。これはもとより弁護士が他の職業より偉いとか、特権化すべきであるとかいうものではない。プロフェッションの理念は、弁護士にとって倫理やプロ・ボノ精神を昂揚し、社会に奉仕する、自戒のための理念なのである。弁護士がこの理念を失い、私利追及を最優先目標とするようになれば、経済的弱者の多くは弁護士のサービスから切り捨てられ、また司法は機能不全を起こすであろう。我々は断じてこのような道を選択すべきではないと考える。

第2章

グローバル・スタンダードを越えて

1 はじめに——司法改革への動きとその背景

　21世紀を目前に控えた今日に至り、司法改革の動きがにわかに風雲急を告げる状況になっている。このような動きの震源地は経済界にある。経済同友会はすでに1994年「現代日本社会の病理と処方」の中で司法の充実、特に法曹人口の大幅増員と法律扶助制度の充実を主張していたが、1998年に至り経団連が「司法改革についての意見」を発表し「経済・社会の基本的なインフラとしての司法制度の充実が今こそ必要」とした。このような経済界の動きに呼応して自民党は1997年6月急遽司法制度調査会を発足させ、同調査会は翌年6月に「21世紀の司法の確かな方針」という標題の報告書を作成した。これを受けて、小渕内閣は司法制度改革審議会を設置して司法改革の具体的なプラン作りを目指すこととした。かくして司法改革は日弁連の呼びかけにすぎなかった状態からにわかに国家プロジェクトとして実現への段階に至ったのである。

　このように、今回の司法改革への動きの特徴は経済界から起ったことである。近年の大きな司法改革は司法の内部からの欲求によってではなく、外的な社会的圧力によってもたらされてきた。イギリスで1950年世界に先がけて法律扶助制度が創設されたのは第二次世界大戦後の離婚事件の急増による社会不安がその原動力になったといわれているし[1]、1970年代におけるアメリカの司法・弁護士制度の変革は消費者運動の産物であった面が大きい[2]。今回のわが国の司法改革は同じ外的圧力といっても、それ

---

　1) Seton Pollock, Legal Aid, the First 25 Years (Oyez Publishing, 1975) 14-15

が社会不安や消費者運動ではなく経済界の要求なのである。

　従来日本の経済界には「2割司法」を改革しようという欲求は乏しく、むしろこの状態を歓迎さえしていたと思われる。それは、日本経済の運営が官僚主導により、なかんずく行政指導の手法で行なわれ、経済界も行政主導を受けることにメリットを感じていたからである[3]。そこには司法の出る幕はなかったのである。それが何故急に変わったのか。

　経団連の意見書は、司法改革が必要な理由として、行政依存型経済・社会から、自由で公正な市場経済・社会への転換が図られる中、企業・個人は『自己責任』の下に『透明なルール』に従って行動することが求められていることをあげているが、日本の経済界が不透明な行政指導からこの「透明なルール」への転換を迫られた根本的な理由は経済のグローバル化にある。経済のグローバル化とは次のことを意味する。第1に、「国の政策が経済の力を導いて行く時代は終り、逆に国境を越えた地理経済の力が国の経済政策を動かしていく時代が来た。国際化が進み、政府はこれまで駆使して来た経済管理の手段を失った[4]。」このような状況の下で、国家主導、官僚主導の経済は必然的に転換されざるを得ない。第2に、経済活動のあらゆる側面で「グローバル・スタンダード」が求められ、行政指導などの日本的システムが通用しなくなった。現在の「グローバル・スタンダード」は新古典主義経済理論に基づく市場重視・規制緩和の思想を体現しているものであるが、市場経済制度の維持は「司法制度の効率性と経済活動の基礎となるルールの透明性に左右される[5]」。日本の経済界もグローバル経済化によって、今後企業の行動原理がこのような枠組の中でしか行なわれ

---

2) 拙稿「1970年代におけるアメリカ弁護士の業務環境の『革命的』変化」法律時報53巻2号（1981年）Richard L. Abel, American Lawyers（Oxford University Press, 1989), 231
3) 新藤宗幸『行政指導』（岩波書店、1992年）、特に11-25頁及び90頁以下。
4) レスター・サロー（山岡洋一＝仁平和夫訳）『資本主義の未来』（TBSブリタニカ1996年）168頁。
5) ダニエル・ヤーギン、ジョセフ・スタニスロー（山岡洋一訳）『市場対国家　下巻』（日本経済新聞社、1998年）305頁。

得ないことを認識せざるを得なかったのである。

2　わが国弁護士制度の「ミニアメリカ化」の可能性

　さて、司法改革には、当然のことながら弁護士制度の改革が含まれる。本稿では弁護士制度改革の問題に照準を合わせてそのあるべき方向と課題を論じたい。特に私が関心を持つのは、今後弁護士制度にも「グローバル・スタンダード」が浸透していくことが不可避であると思われることである。

　この「グローバル・スタンダード」とは、一言でいえば、多かれ少なかれ「アメリカン・スタンダード」であり[6]、その特徴は次の点にある。

　第1は、いうまでもなく弁護士人口の多いことである[7]。そして、弁護士資格の取得に人数制限がなくかつ取得が比較的容易である（いわゆる「参入制限」がない）ため、弁護士人口は需要の増減によって柔軟に伸縮することが特徴である。

　第2に、「参入制限」以外の点でも規制が少ない。日本にある複数事務所の禁止の制度がなく、営業行為は自由であり、法人化が許容され、近年広告も原則として自由とされている。

　第3に、弁護士業務の専門化・多様化と弁護士の階層化が顕著なことである。そこには、企業法務のみ扱う大ローファームの弁護士、個人事務所で個人顧客のみを相手とする弁護士、政府機関に勤務する弁護士、社内弁

---

[6] 冷戦が終了してアメリカが唯一の超大国となり、経済的にも「一人勝ち」の状況にある現在においては、「グローバル・スタンダード」は多くの面でアメリカニズムの代名詞といえる（佐伯啓思『増補版　アメリカニズムの終焉』〈TBSブリタニカ 1998年〉19頁、383頁以下）が、弁護士業務についてはもともと全世界の弁護士数の半分を占めるともいわれる圧倒的数を擁し、アメリカ最大のパワーエリートとしての政治的・経済的力を持つアメリカ弁護士が「グローバル・スタンダード」を確立することは自然ともいえるのである。

[7] Robert L. Sander, Douglas Williams, Why Are There So Many Lawyers?（Law and Social Inquiry 432, 1988）pp.432-433
1991年現在アメリカには80万6,000人の法律家がいるという。浅香吉幹『現代アメリカの司法』（東京大学出版会、1999年）59頁。

護士、リーガル・エイド事務所に勤務する弁護士等多種多様な業態がある。そして、「二つの半球」と呼ばれるほど弁護士の「階層化」が進んでいる[8]。一方には大企業を顧客層とする「エリート弁護士」が、他方には個人を顧客層とする弁護士が存在し、彼らは顧客層だけでなく、学歴、業態そして収入が大きく異なっている。しかも近年企業からの法的サービスの需要の大幅増加のため両者間の格差は一層大きくなっている[9]。このうち、弁護士制度の「グローバル・スタンダード」となっているのは、主として国際的ビジネスとともに国際化している大ローファームのそれである。

　日本の弁護士制度がアメリカのようになることはありえない、と考える人が多いであろう。もとより私も日本の弁護士制度が一夜にしてアメリカのようになると考えているわけではない。弁護士人口ひとつをとっても彼我の差は大きく、また両国間では社会の成り立ちも司法の伝統も全く異なるからである。しかし、急ピッチで進む経済活動のグローバル化とそれに伴う弁護士業務の国際化、それに世界各国で進行している弁護士制度の急激な変化、特に規制緩和の進展を見ると、日本の弁護士制度が今後10年程度の間に相当程度「アメリカ化」すると予測されるのである。これをもう少し具体的に言えば次の点が挙げられる。

　第1に、現在世界各国で、企業法務を中心として弁護士業務の国際化が急ピッチで進行している。そして、アメリカ勢を中心とする巨大弁護士事務所だけでなく、最近では「ビッグ・シックス」と呼ばれる巨大会計事務所が現地弁護士を雇用するなどして各国の弁護士業務に進出している[10]。これら巨大事務所の各国でのプレゼンスの拡大は、単に「渉外弁護士」の業務だけでなく弁護士全体の業態や文化に重要な影響を与えている。この

---

[8] Robert L. Nelson and David M. Trubek, New Problems and New Paradigms in Studies of the Legal Profession in Nelson, Trubek and Rayman L. Solomon Ed., Lawyers' Ideals/Lawyers' Practices (Cornell University Press, 1992) 1. at 8

[9] 1967年から82年までの間に全弁護士の個人顧客からの収入は4.7%しか増えなかったのに対し企業顧客からの収入は8%増加した。1961年には一人の事務所を経営する弁護士の収入はローファームのパートナーの43%だったのが1985年には28%に減少した。Ibid 8-9

現象は今のところわが国では顕著ではないが、今後弁護士業務が一層国際化していく中で次第に現実化していく可能性がある。

　第2に、上の現象を背景として、弁護士制度を「グローバル・スタンダード」の下に自由化、統一化する動きが起こっていることである。川村明弁護士が指摘しているように[11]、OECD閣僚理事会が1997年5月に採択したサービス産業の規制緩和に関する報告書は、弁護士業務などのプロフェッショナル・サービスについて、独禁法の適用、報酬規程及び広告規制の廃止、教育や資格の相互承認制度の採用などを各国政府に求めている。また、ほかならぬわが国においても、アメリカは1998年10月日本政府に提出した「規制撤廃要望書」の中で、弁護士人口の増加、隣接職業との提携の完全自由化、弁護士法人化の許容、広告の完全自由化等の弁護士業務の自由化措置を要求している。これらの要求は外弁制度の自由化ではなく、弁護士制度全体を標的としていることに注意しなければならない。

　第3に、経済界を中心とする今回の司法改革の動きは、法律扶助制度の抜本的改革や司法予算の大幅増加などを求める一方で、弁護士人口の一層の増加、司法修習を経ていない者に対する法曹資格の付与、弁護士の法律業務独占の見直し等の規制緩和を提唱しているが、これらはアメリカの制度を指向するものにほかならない。

　第4に、わが国弁護士の中に占める「渉外弁護士」の比重は今後一層大きくなり[12]、彼らを通じて弁護士の価値観・行動基準が「グローバル・スタンダード」に近づいていくであろう。

---

10) 川村明「WTO体制下における弁護士の法的枠組」日本弁護士連合会編『あたらしい世紀への弁護士像』〔有斐閣、1997年〕82頁、92頁以下。ビッグ・シックスの国際経済活動における巨大なパワーは、それらがフォーチュン上位500社の中の494社の監査法人であることからも明らかである。スーザン・ストレンジは、ビッグ・シックスを「国家を超える権威」の一つに挙げている。スーザン・ストレンジ（櫻井公人訳）『国家の退場』（岩波書店、1998年）223頁。このようなビッグ・シックスの弁護士業務への進出は、IBAなどの舞台で「異業種職業間パートナーシップ」の問題を提起している。

11) 川村・前掲注10) 97頁

第5に、これらの趨勢の下で、今後弁護士人口の増加その他の規制緩和が相当程度現実のものとなるであろう。そして、規制緩和がわが国に特有な制度の改革と「グローバル・スタンダード」への接近という結果を生み出すことは確実である。かくして、わが国の弁護士制度が「ミニアメリカ化」していくことが予想されるのである。

3　アメリカ弁護士制度の光と陰

　このように、アメリカ弁護士制度が「グローバル・スタンダード」としてわが国弁護士に影響を与えるとすれば、そのプラス面とマイナス面を考えておく必要がある。

(1)　「法化社会」の担い手

　アメリカの弁護士が「法化社会」としてのアメリカを支えていることは疑いない。司法権の優位の伝統の下で透明な行政実現の主役となっているのも、法曹一元や陪審制度により民主的な司法運営の原動力となっているのも弁護士である。また、1970年代における諸改革により、わが国に比較すればはるかに進んだ法律扶助制度、グループ・リーガル・サービス制度等、弁護士のサービスへのアクセス障害除去の努力がなされてきている。さらに企業に対する高度で専門的なサービスの提供に関しては文字どおり世界一の体制を整えている。

　ここで多少私ごとを述べることをお許しいただきたい。私は1967年にアメリカに留学して以来常にアメリカの司法制度・弁護士制度に関心を持ってきた。そして、1970年に、山川洋一郎弁護士とアーチバルド・コックスの『ウォレン・コート　憲法裁判と社会改革』を共訳して以来、節目

---

12) 弁護士人口の増加に伴い、増加する人口のより大きな部分が企業法務に従事するようになることは疑いない。浜野亮「法化社会における弁護士役割論」『新しい世紀への弁護士像』（前掲）16頁参照。企業活動の国際化はこれら弁護士の多くの部分を渉外業務に向かわせるであろう。

ごとにアメリカ弁護士制度に関する小論を発表してきたが[13]、この間私は多くの畏敬と若干の羨望を持ってアメリカ弁護士を見てきたのである。「渉外弁護士」として出発した私は、例えば、企業法務を行なう名門事務所アーノルド・ポーターのパートナーであるエイブ・フォータス（後に連邦最高裁判事となる）が、アメリカにおける国選弁護制度創設の契機となったギデオン対ウェインライト事件[14]において被告人ギデオンを無償で弁護したことなどに大いなる共鳴を感じたのであった。このようなリベラリズムと公共奉仕の精神こそアメリカ弁護士のバックボーンであったように思われる。

(2) アメリカ弁護士制度の抱える問題

ところが、1980年代以降、アメリカ弁護士制度は大きな問題を抱えるようになった。それは、大ローファームを中心として起こった産業化現象とそれに伴う諸問題である。私はすでにこの問題につき紹介したことがあるが[15]、主としてその後の文献により、ここでもう一度これをまとめてみることとする。

(i) 産業化の実態

産業化現象の最も基本的特徴は弁護士の最大の関心が私欲、即ち金もうけとなったことである[16]。たしかに、いつの時代にも弁護士はよい報酬を

---

13) アーチバルト・コックス（吉川精一＝山川洋一郎訳）『ウォレン・コート　憲法裁判と社会変革』（日本評論社　1970年）、拙稿「アメリカの弁護士自治」第二東京弁護士会編『弁護士自治の研究』（日本評論社　1976年）、同・前掲注2）「1970年代におけるアメリカ弁護士の業務環境の『革命的』変化」、同「諸外国における弁護士業務の『産業化』とその日本への影響」自由と正義42巻1号（1991年）、同「アメリカ弁護士制度及びその運営の実情」ジュリスト1019号（1993年）。

14) Gideon v. Wainright 372 U.S. 335（1963）

15) 吉川・前掲注13）「諸外国における弁護士業務の『産業化』とその日本への影響」。

16) Russel G. Pearce, the Professionalism Paradigm Shift: Why Discarding Professional Ideology Will Improve The Conduct And Reputation of the Bar, 70 New York University Law Review 1229（1995）, 1251

得たいという動機を持っていた。しかし、以前には、弁護士は仕事の中に金に代えられない喜びや充足感を求め、むき出しの私利追及を抑制する「文化」を持っていた。今日ではこのような「文化」は極めて稀薄となり、金こそすべてという風潮が蔓延している[17]。

　第2の特徴は、金もうけが最大の関心事となった結果として、大事務所では、弁護士の職業的能力よりも、どれだけ依頼者を獲得しいくらの収益をもたらすかが弁護士の価値を測る尺度となった。と同時に、マーケット・ディレクターやマネージャー等を置き、種々の宣伝活動を行なうことによって利益の最大化をはかっている[18]。かつては、よい仕事をするという名声こそが弁護士事務所の最大の「宣伝手段」であるとされたが、現在では巧みな宣伝活動により自らを「売り込む」ことが重要視されるに至っている。

　第3に、金もうけの風潮の当然の結果として、パブリック・サービスをする弁護士が少なくなり、またそういうことをする弁護士は事務所で評価されなくなった[19]。企業法務による報酬とパブリック・サービスの報酬とのギャップが益々拡大し、弁護士の価値が収入の額できめられる風潮の下では、パブリック・サービスへの魅力が薄れるのは当然である[20]。

　第4は、弁護士倫理よりも利益を優先させる傾向があることである。報酬の最大化のため不必要な仕事をしてその時間を請求するとか、訴訟手続を引き延ばすとかの行為の存在は多数の論者の指摘するところである[21]。また、勝つために手段を選ばない戦術をとること、例えば相手を威圧したり、金銭的に優位な側はできるだけ費用のかかる訴訟戦術（例えば膨大なディスカバリー手続）を用いて相手を「兵糧攻め」にすることなどは日常茶飯事となった[22]。

---

17) Anthony T. Kronman, The Lost Lawyer: Failing Ideals of the Legal Profession (Harvard University Press, 1993) 296
18) Pearce, supra 1252, Kronman, supra 302
19) Pearce, supra 1252
20) Kronman, supra 297
21) Pearce, supra 1252 notes 120, 121

第5に、弁護士が自分の利益を第1に考えるため、真の意味で依頼者の利益に奉仕する精神を喪失してきている。これは二つの、一見相矛盾する態度として表われている[23]。即ち、一方で、弁護士は依頼者の身になって考え、行動しなくなっている。以前なら、いたずらに訴訟を起こさないで話合い解決を助言したような状況でも提訴を勧めるなどはその典型的例であろう。他方、弁護士は依頼者の「召使い」になり下がってしまった[24]。弁護士は依頼者から適度な独立性を保ち、公共の利益を害するようなことはさせないとか、目先の利害得失を犠牲にしても依頼者の長期的利益を考えた助言をすべきものであるのに、そのときどきに企業の幹部が要求することに「ノー」といわなくなったのである。今や、かつて刑事弁護人のための倫理であった「依頼者の利益を最大限擁護する」という名分は企業の弁護士が使うためのものになった[25]。

(ii) 生きがいを喪失した弁護士の増加

弁護士業務の産業化とそれに伴う諸々の業務環境の変化は、個々の弁護士の職業観、人生観に深刻な影響を与えている。たしかに弁護士は、法的サービスの需要の増大のため経済的に未曾有の繁栄を遂げている[26]。しかし、その一方でグレンドンは次のような衝撃的統計を引用している[27]。即ち、1992年のカリフォルニア弁護士会の統計によれば、回答した弁護士

---

22) Mary Ann Glendon, A Nation under Lawyers: How The Crisis in The Legal Profession Is Transforming American Society (Harvard University Press, 1994) 55-56
23) Kronman, supra 299
24) Pearce, supra 1253
25) Glendon, supra 38
26) Robert L. Nelson and David M. Trubek, Arenas of Professionalism: The Professional Ideologies of Lawyers in Context, in Lawyers' Ideals/Lawyers' Practices, supra 177
　　1987年には弁護士全体で600億ドル GNP に貢献し、また大ローファームのパートナーの平均収入は100万ドルを超えた。Pearce, supra 1251
27) Glendon, supra 85

の70％が、可能なら他の職に就きたいと答え、75％が自分の子供には弁護士になって欲しくないと答えている。また、他の調査によれば、ニュージャージー州の弁護士の4分の1は他の職業に就きたいと答え、ノース・カロライナ州の弁護士の回答者の4分の1は二度と弁護士になりたくないと答えている。さらにメリーランド州弁護士会の調査では、回答者の3分の1が弁護士業務を続けるか否か迷っている。ABAの調査でも、1984年から1990年のわずか6年間に、自分の職業に「非常に満足している」と答えた弁護士の数は20％も低下している[28]。

　このような、弁護士の職業に対する不満は競争の「敗者」だけでなく、外見的には繁栄している「勝者」の間にも広がっている。それは、競争の激化による過大な仕事量のプレッシャー、いつ競争に敗れるかも知れないという不安、極度の「専門化」による仕事の単純労働化・ルティーン化などによるところが大きいであろう[29]。そして、何より重要なことは、金もうけが自己目的化したことにより仕事自身から得られる達成感・充実感を得難くなったことがあると思われる。即ち、産業化は多くの弁護士に生きがいの喪失をもたらしつつあるのである。

(iii) 弁護士の内部分裂と弁護士自治の弱体化

　アメリカの弁護士は元来多様な業態を特徴としていたが、弁護士の産業化の進展と軌を一にして弁護士の専門化と業態の多様化はかつてないほどの程度に達した。そして、特に企業法務を扱う大ローファームの弁護士と個人顧客を相手とする弁護士との「階層化」は一層進んだ[30]。そして、このような多様化は弁護士という職業の内部分裂を一層拡大している。

　弁護士は全体を統一する職業概念を見いだすことができなくなった。専門や業態を異にする弁護士はそれぞれの中で団体を作り、自らの利益を主

---

28) Ibid 87
29) Ibid 90-91
30) Nelson and Trubek, supra 1. at 8-9

張するようになっている。その結果、1977年から始まったABAキュータック委員会による弁護士倫理全面改正作業においては、人身事故などの事件の原告側を代理する弁護士の団体、被告となる企業側の弁護士の団体、一般的企業法務弁護士のグループなどの間で激しい論戦が行なわれた[31]。そして、難産の末でき上がった新弁護士倫理では旧倫理に存在した「倫理徳目」という項目が削除された。この項目は、懲戒事由（いわば法と道徳の区別における法に該当）ではなく、弁護士に求められる、より高い倫理目標（前記区分における道徳に該当）を定めていたものであるが、新倫理でこれが削除されたのは、何をこの目標に据えるべきかにつき弁護士間でコンセンサスが得られなかったからだといわれている[32]。同様にして、1986年に「弁護士のプロフェッショナリズム再興のための計画」という報告書を発表したABAのスタンレー委員会は、実際には分裂している弁護士の倫理観にみかけ上の統一をもたらすため、報告書の表現を極めて抽象的にし、かつ理事会での内容の審議を省略する方法をとらざるを得なかったのである[33]。

(iv) 産業化への批判とパラダイム変換論

多くの論者は、アメリカの弁護士の産業化によるプロフェッショナリズムの崩壊を批判し、懸念を表明している[34]。特に注目すべきことは、このような批判は法学者、裁判官などからだけでなく、グローバルな投資活動

---

[31] キュータック委員会の作業の経緯は、Theodore Schneyer, Professionalism as Politics: The Making of Modern Legal Ethics Code, in Lawyers' Ideals/Lawyers' Practices, supra 95, at 103 et seq. に詳しい。
[32] Glendon, supra 79
[33] Schneyer, supra 197-198
[34] 小論で引用したAbel, Glendon, Nelson and Trubek, Kronmanは皆そうである。また、レンキースト最高裁長官は1986年インディアナ大学ロースクールでの講演で強い懸念を表明した。ピアースは、多くの論者が「弁護士、弁護士倫理そしてプロフェッショナリズムが『失われた』、『裏切られた』、『堕落した』、『危機にある』、『崩壊』に直面している、『死んだ』そして『再興』の必要性がある、と論じている」と記している。Pearce, supra 1257

の先端を行なっているジョージ・ソロスのような人物からも出ていることである[35]。

そして、アメリカ弁護士のこのようなプロフェッショナリズムからの乖離は、弁護士という職業をプロフェッションとは見ないで正面からビジネスとして考えた方がよいという「パラダイム変換」の主張を生んでいる。ピアースは、多くの弁護士も社会もすでに弁護士業務はビジネスと認識している以上、これをプロフェッションとして扱うことは無理であり、「ビジネス・パラダイム」に転換すべきであるという[36]。このパラダイムの下においては、弁護士が自己の利益を追求することは当然である[37]。他方、弁護士自治は当然に必要ということはなく、弁護士という資格を維持しつつ、弁護士が実際にサービスの品質を保証し公共奉仕をすることを条件にこれを認める、すべてを市場に委ねる（弁護士資格を不要とする）アプローチをとる、誰でも法律業務を提供できるが、資格のある者のみが「弁護士」を名乗れるようにする、などの方法の中から選択すればよい[38]。また、弁護士に法律業務を独占させることはなく、すべての法律サービス提供者は政府の規制を受ける[39]。さらに、このパラダイムの下では、低所得者に法的サービスを提供することは非現実的理想論として放棄してもやむを得ないことになる[40]。

このような「パラダイム変換論」はいまだ少数説であるが、現在のアメ

---

35) ソロスは、現在のアメリカにおいて彼が取り組む第1の課題として、次のように述べている。「第1のテーマは、営利主義が、本来あるべきではない分野にまで侵入していることだ。とりわけ、市場の価値観が職業的価値観をはなはだしく侵食していることが懸念される。私は法律と医学の分野でこの問題に取り組むプログラムを用意した。この2つの分野は近年とみに、専門職というよりビジネスに近くなって来ているからだ。」ジョージ・ソロス（大原進訳）『グローバル資本主義の危機』（日本経済新聞社、1999年）336頁。
36) Pearce, supra 特に 1263 et seq.
37) Ibid 1268
38) Ibid 1268-1270
39) Ibid 1273
40) Ibid 1271-1272

リカ弁護士の状況を見れば何ら荒唐無稽な理論とはいえない。

4 弁護士制度改革の課題と方向

(1) 「アメリカ化」への対応

以上から明らかなように、アメリカの弁護士制度には光の部分と陰の部分があり、最近では後者が大きくなってきている。したがって、わが国の弁護士制度が「アメリカ化」することには一面で大きな問題がある。しかし、前述のように、現在の世界的趨勢はアメリカ化が「グローバル・スタンダード」であり、これがわが国弁護士制度にも相当程度浸透していくことは不可避と考えられる。

また、日本の司法制度、弁護士制度の現状を前提とする限り、アメリカ弁護士制度のプラス面を積極的に導入することは必要でもある。日弁連は行政手続の透明化や法の支配の強化を訴え、司法民主化のため法曹一元制度や陪審制の実現を目指しているが、これらはまさに「アメリカ化」を推進するものにほかならない。のみならず、弁護士人口の一定の増加、規制緩和、幅広い分野における弁護士の専門化等は弁護士へのアクセス障害を克服し、良質のサービスを社会に提供するために必要であろう。われわれにとって困難な課題は、一方でこのような意味での「アメリカ化」を進めながら、他方で前述のようなマイナス面をいかにして防止するかにある。

(2) 制度改革の基本的方向

そこで、今後の弁護士制度はどのような理念の下にどのような方向を目指すべきかが問題となる。私は、種々の各論的諸問題を見渡したうえで、究極的に職業の存立にかかわる重要性をもつのは、やはり弁護士へのアクセス障害の克服とプロフェッショナリズムの堅持にあると考える。

(i) **弁護士へのアクセス障害の克服**

弁護士へのアクセス障害の問題が弁護士制度批判の最も重要なものであることは疑いがない。日弁連もこの問題を認識しその克服のための努力を

してきたが問題の解決はまだ道半ばであり、今後正念場を迎えることになる。ところで、アクセス障害の克服の手段としては規制緩和と法律扶助制度やグループ・リーガル・サービス制度などの積極的施策の二つが考えられる。

(a) 規制緩和の必要性と問題点

　前述のように今後の弁護士制度改革のキーポイントは規制緩和の問題である。規制緩和に対しては極めて否定的な考え方もあるが[41]、規制緩和がアクセス障害克服の一つの有効な手段であることは否定できない。弁護士に対する規制には、外部からみて不合理ないし弁護士の特権を維持するために存在しているとみられるような規制もあるであろう[42]。特に今後行政改革と経済活動に対する規制緩和が進み弁護士に対する需要が増大した場合には、これらの規制は一層弁護士に対するアクセスを阻害するものに映るであろう。われわれは、このような規制を撤廃ないし緩和することによって弁護士をより市民に身近な存在にすることが必要である。

　ところが、規制緩和のパラドックスは、これに大きな副作用が伴うことである。即ち、前述したアメリカ弁護士の産業化現象は急激な人口増による競争の激化と規制緩和により伝統的な職業観が失われたことによりもたらされたのである。1970年代に始まった、アクセス障害除去の諸改革[43]が産業化に連なっていった。グレンドンは、産業化による弁護士の利益追求を批判しつつ、「問題を複雑にしているのは、現在懸念を引き起こして

---

[41] 例えば、小田中聰樹「現代弁護士の陥穽——戦後最大の岐路に直面して」日本弁護士連合会編・前掲書注10) 224頁。より大きくいえば規制緩和の是非は資本主義経済全体について議論されているところであり、弁護士制度の規制緩和の問題もこの全体的議論に関連してくるであろう。経済の市場重視主義に対する否定的な意見として、例えば、内橋克人編『経済学は誰のためにあるか——市場原理至上主義批判』(岩波書店、1997年)、ヴィヴィアンヌ・フォレステル(堀内ゆかりほか訳)『経済の恐怖』(丸山学芸図書、1998年)。
[42] 田中成明「岐路に立つ弁護士」日本弁護士連合会編・前掲書注10) 273頁
[43] 拙稿・前掲注2)「1970年代におけるアメリカ弁護士の業務の『改革的』変化」参照。

いる殆どの新事情は正真正銘の進歩の副産物ないしは結果であるように見えることである」と述べている[44]。特に、連邦最高裁のベイツ判決が広告の全面禁止を違憲とした際、弁護士業務を一般のビジネスと同じである旨宣言したことが弁護士の産業化への精神的支柱となったのである[45]。

　もとより、規制緩和を行なう以上、ある程度の副作用は甘受するべきなのであろう。しかし、副作用の程度が——現在のアメリカのように——深刻な状態になれば、今度はそれに対する社会の批判が噴出することは避けられない。したがって、われわれは今後アクセス障害克服のため規制緩和を行なうと同時にその副作用としての産業化を防止するという二律背反に取り組んでいかなければならない。そのために必要なのは結局のところ、バランスであろう。即ち、一つには、規制緩和の内容、実施の方法等につきよく検討してバランスのとれた緩和策をとるべきである[46]。また、後述するように、プロフェッショナリズムを堅持する方策によって産業化に対するカウンター・バランスをとることが重要である（弁護士の産業化を容認する立場からは無制限な規制緩和論もありうるであろうが、私はこの立場をとらない）。

(b)　アクセス障害克服のための積極的施策

　私が以前指摘したように[47]アクセス障害克服の問題を考えるにあたって

---

44) Glendon, supra 7

45) Duncan A. Macdonald, Speculation by a Customer about the Future of Large Law Firms, 64 Indiana Law Journal 593, 1989

46) 規制緩和の一つの重要なテーマは広告の自由化であり、現在の趨勢は自由化に向かっている。私は必ずしもこれに反対というわけではないが、許容される広告手段・内容等につきよく検討し、ミスリーディングな広告が出まわらないような制度とすべきである。広告は消費者に対する弁護士情報の周知という側面と弁護士が自分を売り込む手段である側面とがあり、消費者が知りたい情報は弁護士が知らせたい情報と必ずしも一致しないことに注意すべきである。アメリカでも広告の自由化が手放しで歓迎されているわけではない。最近連邦最高裁はフロリダ・バー事件において、人身事故の被害者に対し事故後30日以内はダイレクトメールによる依頼勧誘を禁止する広告規定を合憲とした（Florida Bar v. Went for It, Inc.115 S. Ct. 2371 (1995)）が、これはベイツ判決見直しへの動きであるとの見方も出ている。Pearce, supra 1263-1264

は、経済的実力があり弁護士との力関係が強い「企業顧客」と、経済的実力を持たず弁護士との力関係が弱い一般市民や小企業等の「個人顧客[48]」とを分けて考える必要がある。前者の場合には規制緩和によりアクセス障害の大半は克服されるが、後者の場合にはそうはいかない。個人顧客に対しては法律扶助制度、プリペイト・リーガル・サービス、弁護士偏在問題の解消、弁護士紹介制度、当番弁護士制度の充実等の諸施策を講じていく必要がある。ところが、「グローバル・スタンダード」はともすれば規制緩和を求めるに急で、個人顧客への諸施策に対する視点が稀薄である。これはある意味で当然である。経済のグローバル化は資本の国際的移動を容易にするが、個人、特に経済的弱者を置き去りにする。弁護士制度における「グローバル・スタンダード」も主として企業顧客のための制度といえるからである。したがって、もしわれわれが「グローバル・スタンダード」の流れに乗って規制緩和を行なう一方で、個人顧客のための諸施策をなおざりにするならば、将来の弁護士サービスの提供は企業顧客偏重となり、弁護士制度の片肺飛行状態が加速するであろう。市民のアクセス障害克服のためには、このような諸施策の充実が不可欠なのである。幸い、法律扶助制度の抜本的改革の必要性は経済界や自民党も認識しておりその実現が期待されるが、われわれはこの制度が真に充実したものになるよう努めるほか、前述した他の諸施策にも積極的に取り組んでいくべきである。

(ⅱ) **プロフェッショナリズムの堅持**

　私はすでに「脱プロフェッション論」を批判し、弁護士はプロフェッションであり続けるべきだとの立場を明らかにした[49]。しかし、現在の「グローバル・スタンダード」の大きな特徴はプロフェッショナリズムの後退

---

47) 拙稿「規制緩和とプロフェッショナリズム」日本弁護士連合会編・前掲書注10) 41頁。
48) 浅香・前掲書注16) 161頁は企業顧客を repeat player、個人顧客を one-shotter と呼んでいる。
49) 前掲注47)。

である。今後日本にも「グローバル・スタンダード」が浸透すれば、この傾向が生ずることは避けられない。われわれがプロフェッショナリズムを堅持するための意識的行動をとらない限りこの傾向に拍車がかかっていくであろう。これはアメリカの経験から明らかである。人口の増加による競争の激化、規制緩和、特に広告の自由化及び全弁護士業務に占める企業顧客の依頼の増加等はいずれもプロフェッショナリズムの精神というよりは企業家精神を旺盛にするであろう。また、弁護士の業態の多様化は弁護士という職業の統一理念を稀薄にし、また弁護士会の活動に無縁・無関心な弁護士の増加を招くであろう。これは弁護士自治を弱める方向に働く。

　このような傾向に歯止めをかけるためには、日弁連及び弁護士会はプロフェッショナリズム維持のための活動をさらに強化する必要がある。特に倫理の維持とプロボノ活動の強化はその重要な要素である。田中成明教授は、弁護士会の刑事司法における被疑者・被告人の人権擁護活動への尽力が弁護士の社会的信頼の重要な源泉であると指摘されているが[50]、弁護士の産業化によってこのような活動がおろそかになれば、弁護士の存立の基盤が脆弱になることを肝に銘ずるべきである。この意味において日弁連の司法改革ビジョンの提言は正しいものであるが、私はできるだけ多くの弁護士がこのような活動に参加することこそが極めて重要だと考える。そのためには、会員へのPRや研修活動はもとよりのこと、プロボノの義務化も積極的に検討すべきである[51]。このような「規制」の強化は規制緩和のカウンター・バランスとして必要である。また、弁護士自治を堅持すべきであるが、そのためには倫理の維持を強化・徹底し自治が健全に機能していることを社会に示すことが必要である。

---

50) 田中・前掲注42) 269頁。
51) 宮澤節生教授はプロボノ活動の完全な義務化を提唱されている。宮澤「弁護士職の自己改革による日本社会の変革を求めて」『あたらしい世紀の弁護士像』前掲157頁、また、エイベルは、プロボノ活動は、弁護士が法律業務独占の特権を与えられていること、公費で教育を受けていること及び経済的・社会的特権を享受していることの見返りとして当然だと述べている。Abel. supra 246

5 結論

　弁護士制度がより良い方向へ改革されることは弁護士の利益のためではない。それは市民のためである。弁護士の利益だけを考えれば、弁護士の産業化は多くの弁護士にとって経済的にメリットのあることであろう。しかしそれは社会にとって、そして究極的には弁護士にとってもマイナスとなるであろう。

　従来、弁護士制度に対する社会一般の関心は低かった。今その関心がようやく高くなったことは慶賀すべきことであるが、気になるのは、それが経済の「グローバル・スタンダード」への適合の一環として考えられている結果、弁護士制度を「グローバル・スタンダード」に合わせようという意識が強くなり過ぎているように見えることである。特に、今回の司法改革の議論にグローバル経済から取り残された一般市民の声があまり聞こえてこないように思われる。われわれは、今後「グローバル・スタンダード」の浸透が不可避であることを認めつつも、そのマイナス点を補うような、いわば「グローバル・スタンダード」を越えた弁護士制度改革を目指すべきである。

第3章

改革とプロフェッショナリズム
―― 再び今後の弁護士制度について

1 はじめに

　私は「自由と正義」1999年8月号に「『グローバル・スタンダード』を越えて――弁護士制度改革の課題と方向」という論文（以下「前論文」という。本書I部2章）を発表した。これは、「グローバル・スタンダード」となりつつあるアメリカ弁護士制度の病理現象を描写し、それに基づきわが国弁護士制度改革の方向を論じたものである。この論文に対しては、はからずもかなりの反響をいただいた。ただ、これら反響の中には、私の表現の拙劣さのためか、私の真意の誤解に基づくと思われるものもあった。そこで、私の問題意識をもう少し明らかにしてみたいと思う。
　誤解の多くは、私が弁護士制度の改革に反対であるように受け取られたことである。そのため、制度改革反対論者からは肯定的に評価された反面、制度改革推進論者からは「司法改革の動きに水を差す」と受け止められたように思われる。一部の論者にいわせれば、日本の司法や弁護士はもっとアメリカ的にならなければならないのに何故そのマイナス面ばかり強調するのか、ということだったのではあるまいか。あるいは、世界の潮流はアメリカ発の「グローバル・スタンダード」に向かっているのにこれを批判するのはドン・キホーテのようなものだという受け取り方もあっただろう。
　これらの批判には一面もっともな点もある。われわれはまだアメリカの制度に多くを学ぶ余地があるし、また「サービス貿易」の自由化の流れの中で一定の「アメリカ化」は必然ともいえるからである。しかし、前論文で私が描写した状況は、私が勝手に創作したものではなく、そこに引用した多くのアメリカ人論者が指摘する事実である。したがって、われわれは

これら矛盾する諸要素を念頭において今後のわが国の制度改革に取り組む必要がある。前論文を書いた私の真意はここにあった。以下において、私の真意を明確にし、さらにこれを敷衍したい。

2　改革の必要

　まず明確にしておきたいのは、私はもちろん、現在の日本の弁護士制度を改革する必要があると考えていることである。弁護士のサービスが市民にとって利用し難いものであることは従来から多くの人が指摘してきたところであり、この弁護士サービスに対するアクセス障害の克服がわれわれ弁護士にとって最重要課題であることは明らかである。

　そして、このことは、日本社会が「法化」の兆しを見せている現在特に喫緊の問題である。現在日本は国際化の急進展の中で、従来の不透明な行政指導や談合によるビジネスなどから決別し「透明なルール」が浸透した社会になることを求められている。自民党や経済界がこの事実を認識し、恐らく日本の歴史上初めて司法の重要性を叫ぶようになった。このことは弁護士の役割がかつてないほど重要になりそのサービスに対する需要が高まったことを意味する。いわば弁護士には強い追い風が吹いていることになる。

　しかし、このことは、同時に、弁護士サービスに対するアクセス障害の克服への社会的要求が一層高まったことも意味するのである。弁護士はよく閉鎖的だとか仲間意識が強すぎるなどと批判されるが、われわれは、積極的に社会に「打って出る」気構えを持ちこの課題に取り組んでいかなければならない。この観点から、弁護士人口の増加や不合理な規制の緩和・撤廃の問題に取り組むべきであり、いやしくも市民のためにならない「業界権益」の保護に走るようなことをすべきではない。規制緩和の問題は弁護士の既得権益擁護のためではなく、専ら市民にとってよりよい弁護士制度の保障という観点から議論されなければならない。市民の利益に反する「権益」の擁護は最終的には弁護士自身の不利益となってはねかえるものであることを銘記すべきである。

3　プロフェッショナリズムの必要

　このように、今後弁護士制度はアクセス障害を克服する方向で改革されなければならないが、私は、それと同時にプロフェッショナリズムを堅持していかなければならないと考える。この考え方は、市場原理を万能と考える今日の世論には違和感や反発を感じさせるであろう。というのは、一部に、弁護士がプロフェッションという旗印を持つことが弁護士の特権意識を助長したり市場の論理を否定したりするものと受け止める向きがあるからである。また、プロフェッショナリズムの主張は、弁護士が公共奉仕的仕事しかしてはならないことを意味するものとの誤解もあるようである。しかし、私はそのようなことを主張しているのではない。弁護士業務が報酬を得ることを存立の基礎としていることはあまりに当然であるし、弁護士が刑事事件や消費者・環境問題等だけでなく企業法務を含む多種多様な分野で活躍することは必要なことである。また、私は弁護士が他の職業より偉いとか、特権化すべきであると主張する気は毛頭ない。

　私がプロフェッショナリズムの堅持を主張するのは、プロフェッショナリズムの精神こそが弁護士のコマーシャリズム化を防ぎ、弁護士という職業のアイデンティティを維持するために必要だと考えるからである。私が前論文でアメリカ弁護士の現状を論じたのは、弁護士のコマーシャリズム化がどのようなものであり、それが弁護士サービスの消費者にとっても、また長期的観点からみれば弁護士自身にとってもマイナスであることを示したかったからである。

　アメリカにおいても弁護士にコマーシャリズムが蔓延するようになったのは最近の出来事である。その結果、前論文で指摘したように、弁護士の最大の関心が金もうけとなり、弁護士の評価基準が職業的能力そのものよりもどれだけ依頼者を獲得しいくらの収益を上げるかになり（業界雑誌は毎年、大手ビジネスロー・ファームやそのパートナーの「マネー・ランキング」を発表している）、パブリック・サービスは評価されなくなり、弁護士倫理よりも利益を優先させる風潮が一般的となった。そして、生きがいを喪失した弁護士が増加し、弁護士は全体を統一する職業理念を見いだすことが

できなくなり、弁護士自治は弱体化したのである。

　ここで一言断っておきたいのは、もちろん現在でもこのような風潮の埒外にある弁護士も多数存在することである。一例を挙げれば、私の友人で最大手事務所を休職して、妻と共にコソボ難民支援のため3年間現地に滞在中の弁護士や、発展途上国の司法支援のための非営利団体のために率先して無償で活動している弁護士もある。80万人のアメリカ弁護士の中にはこのような活動をする弁護士も日本よりはるかに多く存在するであろう。しかし、弁護士制度を語るときには、そのときの弁護士の全体像を見なければならない。そして、その全体像はコマーシャリズムが進行した姿なのである。

　アメリカ弁護士のコマーシャリズム化の弊害は、私がプロフェッショナリズムを主張したいために、独自の立場に立って述べているわけでは決してない。再三言及したように、アメリカの学者、弁護士、裁判官等多くの論者がこの問題を指摘しているばかりでなく、公の立場にあるレーンキースト連邦最高裁長官が講演で強い懸念を表明し、ABAのスタンレー委員会やIBAが弁護士のコマーシャリズム化の問題を正面から取り上げているのである。しかし、それにもかかわらず、現在のところ事態が改善されているとは思われない。経済の市場化が「市場の暴走」への懸念にもかかわらず自らの論理で動いていくように、弁護士業務のコマーシャリズム化も、一たびモメンタムを得れば抑制不能となる可能性がある。アメリカにおいて、弁護士人口の急激な増加と規制緩和の副作用としての弁護士のコマーシャリズム化が生じた歴史に鑑みると、今後類似の規制緩和を行おうとしているわが国において、コマーシャリズム化のモメンタムが発生しないようにするためには、今こそ、プロフェッショナリズムの精神の昂揚が必要とされると考える。

4　「プロフェッション」の定義と反プロフェッションの感情

　以上が、私が前論文で言いたかったことであるが、今回は上記のことをもう少し掘り下げて考えてみたい。というのは、前記のとおり、プロフ

ェッショナリズムの主張には現在少なからぬ違和感や反感があると想像されるからである。この違和感や反感は、実は、プロフェッションという存在自体に対する反感に根ざしている。

「プロフェッション」という言葉には良い日本語の訳語がないのでこのままこの言葉を使用しているが、ロスコー・パウンドの定義によれば、これは、「公共奉仕の精神により、共通の天職として、学問的専門職に従事する集団」のことを言い[1]、古来聖職者、医者及び弁護士がその代表とされてきた。また、ニューヨーク大学教授のエリオット・フリードソンは、プロフェッション、特に弁護士の特徴として、

(1)それが、多くの知的修行と複雑な判断を必要とすること、
(2)顧客は提供されるサービスの質を十分評価できないので、サービス提供者を信頼せざるを得ないこと、
(3)顧客による上記信頼は、サービス提供者が自分の利益よりも顧客及び公共の利益を優先させるという前提に基づいていること、
(4)職業が、市民及び裁判所に対し、当該職業の構成員が能力を備え、顧客の信頼を裏切らず自分自身の利益を超越することを保障するために集団として自治権を有していること、

を挙げている[2]。過去においては、しばしばプロフェッションは一般の「業」（トレード）と区別され後者に優越するものと考えられた。

ところが、最近、アメリカでは、前論文で指摘したような状況の中でプロフェッション、特に弁護士に対する批判が噴出している。もちろんこのような批判は過去にも存在した。特に1960年代ごろから弁護士が有産階級にのみ奉仕しているとの批判が消費者運動家等からわき起こった[3]。し

---

1) Roscoe Pound, The Lawyer from Antiquity to Modern Times (1953), p.5
2) American Bar Association Commission on Professionalism "In The Spirit of Public Service:" A Blueprint for The Rekindling of Lawyer Professionalism p.10＝引用

かし、過去における弁護士批判はまだ部分的、散発的であったのに対し、1980年代以降は、批判はより広範で恒常的になり、かつ、一部は資格制度、弁護士自治及び弁護士による法律業務独占という弁護士制度の根幹に向けられるようになった。

　このような批判の原因は大きく言って二つあると考えられる。一つは、弁護士業務にコマーシャリズムが蔓延し、前記バウンドの定義する職業の理想との乖離が誰の目にも明らかになったことである。この現象の詳細は前論文で指摘したが、このような状況の下で「プロフェッショナリズム」を唱えてもそれは空疎に響くだけである。既述のように、ABAのスタンレー委員会は1986年「プロフェッショナリズム再興のために」と題する報告書を作成したが、上記報告書がプロフェッショナリズムの重要性をいかに強調してもそれは社会に対する説得力を持たなかった[4]。

　弁護士に対するもう一つの批判は、現在世界を席巻している市場原理重視の考え方からくるものであり、これは弁護士などのプロフェッションそのものに対する挑戦である。「市場原理主義」の旗頭であるミルトン・フリードマンは、消費者は、医師、弁護士等のプロフェッションのサービスの質を評価できるのであり、資格制度は競争を制限しサービスの質と量を低下させるだけであるから、国家による資格制度は廃止すべきである、もし何らかの資格認定が必要なら、市場がこれを提供すればよい、と主張している[5]。また、フォーダム大学教授のラッセル・ピアースは、「中間的アプローチ」として、弁護士資格は存続させるものの、弁護士でないものも法律業務を行えるようにすべきであり、そうすることによって弁護士と

---

3) Ralph Nader and Mark Green Ed., "Verdicts on Lawyers" (1976)
Murray Teigh Bloom, "The Trouble with Lawyers" (1968)
また、より本質的な批判としてF・ローデル著、清水英夫、西廸雄訳「禍いなるかな、法律家よ！」(1964年、岩波書店)

4) 例えば、Robert L. Nelson and David M. Trubek, "Arenas of Professionalism: The Professional Ideologies of Lawyers in Context," in Robert L. Nelson et al, "Lawyer's Ideals/Lawyers' Practices, Transformations in The American Legal Profession" (1992, Cornell University Press), p.177, p.188 et seq.

非弁護士とを競争させ、より安くより良質のサービスを提供させることができると主張する[6]。そしてピアースは、弁護士も他のビジネスと同じである以上、貧困層にサービスを提供する義務を負わず、経済的意味での「法の下の平等」は放棄してもやむを得ないとする[7]。

　フリードマンほど極端でないにしても、現在では特別の資格や特権を与えられた職業に対する批判や反感がある。これはアメリカだけでなく日本でも同じである。このような反感はサッチャリズムに代表され「新自由主義」と呼ばれる自由市場信仰の思想を反映するものである（アンソニー・ギデンズによれば、この自由市場信仰の中にも、経済的自由だけでなく性的自由や麻薬の解禁など道徳問題でも自由を尊重する「リバータリアン」の立場があり、後者には反対する「ニューライト」と区別される[8]）。余談になるが、この思想が規制緩和、小さな政府、行政改革、地方分権といった現在の改革運動すべての基本にある。そして、多くの人が総論ではこの改革に賛成するが、各論になると必ずしもそうではない。諸官庁が半公然と自らの所管する規制の緩和に反対するのはもとより、改革を主張するマスコミも新聞の再販価格維持の問題では再販維持を主張する。また、フリードソンが言うように、プロフェッションを批判する学者も自らがプロフェッション的特権に守られていることには触れたがらない[9]。さらに、弁護士改革に消極的な弁護士の多くも行政改革には賛成なのではあるまいか。いずれにせよ、現在の大勢は市場重視主義であり、この立場から反プロフェッション主義の感情が広がっているのである（もっとも過去に「市場の失敗」の結

---

5) Milton Friedman, "Capitalism and Freedom" (1962), quoted by Russell G. Pearce, "The Professionalism Paradigm Shift: Why Discarding Professional Ideology Will Improve The Conduct and Reputation of The Bar," 70 New York University Law Review 1229, at 1269

6) Pearce, supra 1269, 1271

7) Ibid 1271

8) アンソニー・ギデンズ（佐和隆光訳）『第三の道――効率と公正の新たな同盟』（日本経済新聞社、1999年）24頁、31頁以下。

9) Eliot Friedson, "Professionalism as Model and Ideology", in Nelson et al, "Lawyers' Ideals/Lawyers' Practices," supra p.226

果福祉国家が誕生した歴史があるように、今後「市場の暴走」がコントロール不能になることへの懸念が浮上し、市場主義大合唱の状況が変わって、反プロフェッション感情が見直されることはありうる）。

5 弁護士批判の本質

　さて、現在の日本の弁護士に対する批判の中心はアクセス障害に対するものであり、その克服のために規制緩和の要求が高まっている。このような批判の一部は市場原理主義者ならずとも承認せざるを得ないものであるが、仔細に見てみると、弁護士規制緩和論の中には前記のような意味での反プロフェッション的主張が入り交じっている。経済界、特にその中でも経済のグローバル化と市場原理の荒波に最も強く影響を受けている人たちはこの立場であろう。そして、今後この立場からの弁護士制度規制緩和の要求はますます強くなっていくことが予想される。今回の司法改革が経済界主導で始まったことが象徴しているように、今後弁護士制度改革の要求は主として経済界及びその立場を代弁する政治家や官庁から発せられると思われる。この意味で、近時弁護士の規制緩和の要求が法務省よりも通産省から出されていることも注目に値する。また、WTO、OECD、アメリカ政府など海外からの規制緩和の圧力が強まることは必至である。これらの要求や圧力が目指すものは総じて弁護士業務を「サービス産業」と位置づけ、伝統的な弁護士制度よりも消費者、殊に企業にとって利用しやすい弁護士制度である。WTOにおいて、巨大公認会計士事務所と弁護士事務所との共同化を狙った「異業種間パートナーシップ」（いわゆる「MDP」）容認の議論が現実の課題になっているのもその一端である。このような動きは、弁護士を「資格」よりも「実力」によって市場で競わせようとするものであり、その延長線上に前記したフリードマン的考え方があるのである。産業化したアメリカ弁護士、特に巨大ビジネスロー・ファームにとってはもはやフリードソンによる弁護士の前記属性は不要ないし副次的なものでしかないが、これが弁護士の「グローバル・スタンダード」となっており、わが国経済界や通産省もこのような制度を念頭に置いていることは

明らかである。

　厄介なことに、このような圧力の下で、アメリカのように弁護士がプロフェッションの理想から遠ざかっていけば、今度は、前論文で指摘したようなコマーシャリズムに対する批判が起こる。そして、この批判は、今度は市場原理主義の立場と合体して、「どうせ弁護士の実態はプロフェッションではないのだからプロフェッションとして扱う必要はない、資格や特権は有害無益である」との主張を増幅していく可能性を秘めている。これはまさに現在アメリカの一部で起こっていることである。

6　プロフェッショナリズムは不要か？

　このように現在プロフェッションに対し批判があるが、それではプロフェッショナリズムは必要ないのであろうか。

　まず、弁護士という職業からプロフェッション性が稀薄になることは弁護士の個人的利益からみれば必ずしもマイナスではないかもしれない。現在のアメリカの弁護士は経済的に未曾有の繁栄を誇っており[10]、その意味ではコマーシャリズムの蔓延する現状は弁護士にとって困る事態とは受けとめられていないであろう。特に実力のある弁護士は大いに市場原理のメリットを享受しているはずである。もっとも、前論文で指摘したように、コマーシャリズム蔓延の結果生きがいを喪失した弁護士も増加しており、トータルとしてみれば弁護士も決して現状に肯定的ではないと思われる。しかし、アメリカの弁護士の現状の最大の被害者は、弁護士サービスの消費者、なかんずく市場原理だけでは保護されない一般市民であり、弁護士の反倫理的行為により傷つけられた司法制度自体であろう。その故にこそ、レーンキースト連邦最高裁長官が弁護士の現状に対する警告を行い、ABAのスタンレー委員会が「プロフェッショナリズムの再興」を呼びかけたのである。要は、プロフェッショナリズムの問題は弁護士の社会的責

---

10) Nelson & Trubek, supra p.177

任の問題であり、より究極的には社会がプロフェッションとしての弁護士制度を必要とするのか、それともフリードマンのように資格制度を廃止しすべてを市場に委ねる方向の制度を選ぶかの問題なのである。私は過去の歴史に照らしてもプロフェッションとしての弁護士が絶対に必要であると信ずるし、日本のほとんどの弁護士もこれと同じ立場であろう。

7　プロフェッショナリズム維持のために何をなすべきか

　それではプロフェッショナリズムを維持するために何をなすべきか。この問題に対する答えは種々あるであろうが、私は次の点を指摘したい。

(1)　プロフェッショナリズムの社会的有用性の認識と PR
　第1に必要なことは、弁護士自らがプロフェッショナリズムの価値ないし社会的有用性に対して確固たる信念を持ち、これを社会にアピールしていくことである。現在における市場主義の大合唱と反プロフェッショナリズムの感情の広がりの中で、ともすればわれわれがこれらの声に押され、必要以上に防御的になる傾向があるが、われわれはプロフェッショナリズムが長い歴史に耐えてきた事実を再認識すべきである。

　フリードソンは、アメリカの弁護士が前記のような批判に答えるためには、原点に立ち帰り、プロフェッションとしての弁護士が法的サービスの提供者として、市場原理主義の主張する職業モデルや国家が直接職業を統制するモデルよりはるかに社会的有用性を持つことを社会にアピールしていくこと、そしてそのようなアピールが説得力を持つためには何よりも弁護士がプロフェッションとしての実体を備えなければならないことを強調している[11]。私も全く同感である。

　上記のようにいうことは、弁護士業務に市場原理を働かせることを否定するものではない。弁護士という職業のプロフェッション性を強調するあ

---
11) Friedson. supra pp.228-229

まり弁護士と市場原理とは無縁であるかのごとく主張する論者もあるが、このような主張は現実を無視している。弁護士のサービスが市場において提供され、弁護士と依頼者との間に一定の市場原理が働いていることは歴然たる事実である。しかし、弁護士制度には市場原理だけでは処理できない部分がある。国選事件、当番弁護士制度、弁護士過疎地対策、法律扶助事業、少額事件等はその一例である。これらが多くの弁護士のプロ・ボノ精神により支えられてきたことは何人も認めざるを得ないであろう。われわれはアクセス障害克服のための規制緩和を行ないつつ、上記のような事実を積極的に社会にPRしてプロフェッショナリズムの有用性に対する社会の理解を得る努力をしなければならない。

　われわれは、さらに一歩を進め、このようなキャンペーンを可能な限り国際的に行なうべきである。前記のとおり、アメリカを発祥地とするコマーシャリズムが国際的広がりを見せている一方で、このような現象に対する懸念を持つ人々が弁護士という職業の内外で増えていることは確実である。特に、アジア弁護士会会長会議等に出席して痛感することは、アジア各国の代表がコマーシャリズムを帯びた「グローバル・スタンダード」に対し強い戸惑いや懸念を感じていることである。欧米等の先進国においても、むしろ国際ビジネスに関係しない多くの弁護士は同様な感情を持っているであろう。日弁連は1993年の世界人権会議等の場において高い評価を受け、また弁護士の国際活動に関し「パリ・フォーラム」開催の中心的役割を果たしたが、このような実績を踏まえ、弁護士のプロフェッショナリズム「再興」のための国際的活動の先頭に立つべきではなかろうか。例えば、WTOにおけるMDP問題への対応はそのための一つの場を提供してくれるであろう。

(2) **教育**

　プロフェッショナリズムの維持のために弁護士及び弁護士となる人たちに対する教育が重要であることは多言を要しない。何度も引用したABAスタンレー委員会の「プロフェッショナリズム再興のために」と題する報告書は、弁護士倫理の荒廃を憂え、教育の重要性を強調している。曰く、

ロー・スクールは倫理やプロフェッショナリズムの教育を充実させること、ロー・ファームは新人弁護士に倫理の実習をさせること、弁護士の継続教育を行なうこと、ABA は倫理や職業にかかわる問題を扱ったビデオを制作すること、欺まん的広告取り締まること、弁護士が「オフィサー・オブ・ザ・コート」であり司法の一翼を担っていることを強調すべきであること、等々。上記報告書は ABA の機関決定による承認も得られなかったこともあって影響力を持ち得なかったが、このことはプロフェッショナリズム再興のために教育活動が重要であることの指摘自体が誤りであることを意味するものではない。特に、弁護士という職業に就こうとしている新人にプロフェッションの精神を植えつけることは極めて重要である。

　ところで、教育といってもその質が問題となる。倫理教育についてもこのことがあてはまる。アメリカのロー・スクールは弁護士倫理の講座を設け、またバー・エグザミネーションは倫理をテストの一項目としているが、これらには強い批判がある。スタンフォード大学教授のロバート・W・ゴードンとウィリアム・H・サイモンは、現在の倫理教育及び試験は単に懲戒規定の丸暗記とそのテストを行なっているだけであり、学生が自ら弁護士倫理とは何かを考える能力を養成するのに全く適していないと批判している[12]。また、両教授は、ロー・スクールの中心的教育方法は「ソクラテス・メソッド」と呼ばれているが、現状はソクラテスとは名ばかりで極めて権威主義的であり、学生はいかに定められた時間内に先生を喜ばすような答えをするか競っていると述べ、あるべき倫理教育とは小手先の懲戒規定などではなく、より基本的な法制度の目的や弁護士の社会的使命などを対象とすべきであると説いている[13]。

　余談ながら上の指摘は、現在展開されている、何でもアメリカのロー・スクールを見習え式の議論に対する反省材料を提供している[14]。

---

12) Robert W. Gordon and William H. Simon, "The Redemption of Professionalism?", Nelson et al, "Lawyers' Ideals/Lawyers' Practices" supra pp.236-237
13) Ibid pp.237-238

翻ってわが国の状況を見るに、従来弁護士倫理、特に倫理の根本にあるものについての教育が十分に行なわれてきたかは疑わしい。現在ロー・スクール構想の議論が活発であるが、どのようなロー・スクールが実現していくにせよ、このような教育がカリキュラム中に含まれるよう特段の配慮を望みたい。また、最近弁護士会が倫理研修制度を設けつつあることは喜ばしいが将来一層その内容の充実を図っていくべきである。

(3)　弁護士自治の維持強化

　前述のフリードソンの定義にもあるように、プロフェッションの特徴の一つは当該職業が自治権を有していることである。そして現在われわれは弁護士自治は空気のように当り前の存在と思っている。しかし今後弁護士自治は職業の内外から危険にさらされる可能性がある。
　第1は外部からの弁護士自治に対する批判である。従来も弁護士自治に対しては弁護士の「在野」的存在や「反権力」的姿勢に対し国家権力側からの攻撃があった。しかし今後の批判の中心はむしろ市場主義、消費者主権主義、反エリート主義の立場から来るであろう。この批判は前記したプロフェッションという存在自体に対するものと同根である。具体的には、弁護士が自らの市場への参入をコントロールし、報酬基準を定め、その他業務に関する諸規制を行なうことはカルテル行為であって容認できないという批判である。これらの批判にはわれわれが謙虚に耳を傾けなければならないものも含まれているが、この批判の延長線上には弁護士自治そのものを否定する立場がある。近年の韓国の経済危機の際IMFが借款の条件の一つとして、大韓弁護士協会を任意加入団体にするよう求めたという話を聞いた（これはその後撤回されたそうだが）。また、ほかならぬわが国においても司法改革論議の初期において自民党から弁護士自治見直しの主張

14）藤倉皓一郎教授もアメリカのロー・スクールの教育に種々問題があることを指摘されている。藤倉「アメリカにおけるロー・スクールの実像」法律時報72巻1号（2000年）127頁。

が出されたことは記憶に新しい。今後このような立場は、地下水脈のように残存し市場主義や消費者主権主義の高まりに呼応して表面に現われてくる可能性がある。

　第2は、弁護士自治という枠組みが形式的に保たれてもその機能が十分果たせなくなる危険である。ここでもアメリカの状況が参考になる。アメリカでは1900年代初頭までは各州のバー・アソシエーション（弁護士会）はすべて任意団体であったが、ハーバード・ハーレイなどの運動の結果全員加入制の弁護士会（インテグレーテッド・バー）が相次いで登場し1970年代前半には30州で全員加入制となった[15]。しかし、その後反プロフェッショナリズムの風潮の中でこの傾向は逆転し、1980年代には全員加入制は少数しか存在しなくなったといわれている[16]。また、全国組織であるABAは始めから任意加入団体ではあったが、かつては弁護士全体に対する強い指導力と政治的発言力を持っていた。それが1980年代に至り職業の内部分裂が深刻化した結果、キュータック委員会による弁護士倫理改正作業もスタンレー委員会によるプロフェッショナリズム再興のための努力も不十分な結果しか残せなかったことは前論文で指摘したとおりである。

　今後日本においても弁護士人口が増加し、専門化と業態の多様化が進み、さらに規制緩和によるコマーシャリズム化への圧力が高まれば、弁護士の団体としての活動には大きな困難が生ずる可能性がある。これは弁護士自治を内部的に弱体化させる要因となる。

　しかし、プロフェッションの存続のためには団体自治が不可欠である。団体自治が今後の弁護士という職業の運命を左右するであろう。特に、弁護士がコマーシャリズムに流れるようになればなるほど弁護士の団体による「規制」が必要となるであろう。即ち、今後弁護士会は規制緩和により生ずると思われる弁護士倫理違反行為、例えば欺まん的広告等の監視、前記した弁護士教育の実施、プロ・ボノ活動の奨励及び義務化等を通じて、

---

15) 拙稿「アメリカの弁護士自治」（本書Ⅱ部5章）。
16) Nelson & Trubek supra. p.194

プロフェッショナリズムの振興を図るべきである。また、すでに実施されている法律相談、仲裁、当番弁護士、過疎地対策等に団体としてのみ可能な諸活動を一層充実させるべきである。そして、これら活動のために極めて重要なことは、可能な限り多くの弁護士、特に若手弁護士にこれら活動に参加させることである。これら活動に参加することによってこそ、各弁護士は職業への帰属意識（collegiality）を持つようになるからである。

　市民は弁護士の団体に対しアンビバレントな感情を持っているのではなかろうか。一方では「カルテル行為」を批判するが、他方各弁護士が倫理を維持し社会的使命を果たすことにつき弁護士の団体がリーダーシップをとることを期待するのである。われわれはこれら期待に応えることによってのみ、未来を切り開いていくことができる。

第 4 章
21 世紀の弁護士像

1 はじめに

　21 世紀の弁護士はどのようなものになっているであろうか。21 世紀といっても 100 年後も 21 世紀であるが、現在の情報技術、バイオテクノロジー等の発展や経済のボーダレス化のスピードを考えれば、弁護士制度に限らず、今から 100 年先の日本社会の状況を予測することは極めて難しい。予測の対象となるのはせいぜい 10 年か 20 年先のことであろう。いうまでもなく、弁護士制度はそれ自体で存在しているものでなく、社会・経済制度の基礎の上に成り立っているものであるから、これらの基礎条件がどのように変化するかによって、変化の方向や程度が規定される。筆者にはこれらの基礎条件に関する充分な素養はないが、この制約を承知のうえで、近未来におけるわが国の弁護士制度の状況や課題について素描してみたい。

2 わが国弁護士業務に変化をもたらす要因

　様々な要因が 21 世紀の弁護士業務に変化をもたらすことが予想される。そこでまずこれらの要因を概観する。

(1) 「法化」社会への変容
　種々の要因のうちで最も根本的なものは今後日本社会がどの程度「法化」していくかである。日本社会の「法化」は次のような要因により進展する可能性がある。

(i) **経済のグローバル化と規制緩和**

　21世紀に入り経済のグローバル化・ボーダレス化は一層急速度で進むことが予想される。その結果、従来わが国の特徴であった官僚主導の経済は市場重視型の経済に転換せざるをえなくなり、多くの分野で規制緩和が行なわれるであろう。現在進行中の金融ビッグ・バン等はその一例である。そして市場重視の経済は司法制度の効率性と経済活動の基礎となるルールの透明性を要求する。このことは、1998年に発表された経団連の司法改革に関する意見書が、「行政改革、規制の撤廃・緩和の進展によって、行政依存型経済・社会から、自由で公正な市場経済・社会への転換が図られる中、企業・個人は『自己責任』の下に『透明なルール』に従って行動することが求められており、経済・社会の基本的インフラとしての司法制度の充実が今こそ必要である」と指摘しているとおりである。このように、今後、日本の経済・社会は否応なく「法化」の方向を辿ることになる。

(ii) **企業の行動原理の変化**

　上記のような経済・社会構造の転換を受けて、企業の行動原理が変化するであろう。取引関係の契約による処理、コーポレート・ガバナンスの透明化、知的所有権や不正競争紛争等の法的処理がより重視されるようになる。特に国際取引関係の増加がこのような傾向を助長するであろう。また、例えば独禁法による私訴、消費者契約法による救済、環境規制の強化等企業の法的対応を迫る新しい枠組みができることも予想され、これらが企業の行動原理の変化を促すものと思われる。

(iii) **行政手続の透明化と情報公開**

　日本が「法化」社会へ変容していくための極めて重要な要素は、行政過程の透明化である。従来の日本の行政は、単に他国では民間が行なうことを行政が主導するという量的な面だけでなく、行政過程が不透明であるという質的な面でも特徴的であった。行政過程を透明化することは日本が「グローバル・スタンダード」に適合するための必須の条件であったのである。

　行政過程の透明化は行政手続自身の透明化と情報公開なしでは実現しな

いが、1993年に「行政手続法」が、また1999年には「情報公開法」が、それぞれ難産の末ようやく日の目を見た。これにより市民は省庁再編などとは異なる真の意味での「行政改革」を実現するための武器を手にしたのである。もしこれらの法律が期待されるように運用されるならば、日本社会の「法化」に大きく貢献するであろう。弁護士はこれらの武器を現実に行使する役割を担っている。ただ、弁護士は通常あくまでも代理人として行動するのであるから、これらの法律が実効性を発揮するか否かはいかに市民がこれらを利用するか、そして行政側がこれらの法律の精神に従っていかに透明な行政を心掛けるかにかかっている。情報公開や行政手続法に忠実な行政手続を求めるのが一部の市民運動家等にとどまっているようでは、法の精神が実現されたとは到底いえない。特に、従来不透明な行政指導に慣れ親しんできた企業がいかに行政手続法を利用するかが、「法化」を図るバロメーターになるであろう。

(iv) 市民の権利意識の変化

一方で、市民の側での「法化」がどれだけ進んだかは必ずしも明らかではない。しかし、企業活動や行政過程が前記のように変化し、社会の都市化、情報化が進展していく中で、市民の権利意識も徐々に変化していくのではなかろうか。消費者保護立法や市民の権利意識を啓蒙する活動、NPO活動の活性化なども、このような変化を後押しするであろう。また、最も重要なことは、市民が弁護士のサービスや司法にアクセスしやすくなることによって、従来眠っていた権利意識が覚醒することである。即ち、司法改革の実現こそが市民の側の「法化」の原動力になると考えられる。

(2) 司法改革の影響

以上のような「法化」社会を展望して現在進められている司法改革が、21世紀の弁護士制度により直接的な影響を与えることは確実である。

(i) 司法改革の背景

現在、司法制度改革審議会で司法改革のプランを策定中であるが、今回

の司法改革の動きは経済界主導のものである。この背景には既に述べた経済のグローバル化と市場主義の潮流があり、さらに企業法務を中心とする弁護士業務の国際化のうねりがある。即ち今回の司法改革は、わが国弁護士制度を「グローバル・スタンダード」に近づけようとする考え方に基づくものといえるのである。この弁護士制度の「グローバル・スタンダード」は、弁護士人口の増加と徹底した規制緩和を特徴とする。例えば、1997年5月にOECD閣僚理事会が採択したサービス産業の規制緩和に関する報告書は、弁護士業務についても独占禁止法の適用、報酬規定および広告規制の廃止、教育や資格の相互承認制度等を求めており、また、1998年10月にアメリカ政府が日本政府に提出した「規制撤廃要望書」においては、弁護士人口の増加、隣接職業との提携の完全自由化、弁護士法人化の許容、広告の完全自由化等が謳われている。経団連意見書が、法曹人口増大、司法修習を経ていない者に対する法曹資格の付与、弁護士の法律業務独占の見直し、公認会計士、税理士、弁理士、司法書士などの職業と統合的法律・経済事務所の開設等を要求しているのも上記と軌を一にするものである。さらに、今後1・2年間、サービスの規制緩和に関するWTOの動きから目が離せないであろう。

(ii) **弁護士人口の増加**

　このような背景の中で、今後弁護士人口が従来にはないスピードで増加していくことは間違いない。すでに、1998年の司法試験から合格者が1,000人となったが、この体制のまま推移したとしても、2010年には2万5,280人（現在の約1.5倍）、2020年には3万840人（現在の約1.9倍）となる。もし、司法改革の結果、行政改革委員会最終意見が提言しているように司法試験合格者を1,500人とすれば、弁護士数の増加は一層急ピッチとなる。このような弁護士人口の増加は、今後の弁護士業務・弁護士制度に複合的かつ深甚な影響を与えるものと考えられる。

(iii) **弁護士制度の規制緩和**

　今回の司法改革は弁護士制度の規制緩和を求める国際的潮流の中で行な

われ、また以前から一定の規制緩和は弁護士に対するアクセス障害克服の観点から必要とされてきた。日本弁護士連合会（日弁連）内部においても広告規制の緩和をすでに実現したほか、法人化の許容についてもすでに具体的検討が進んでいる。また、他の規制についてもその撤廃・緩和を主張する立場が目立ってきている。このような諸状況の中で、2010年頃までには現在の諸規制は相当程度撤廃・緩和されていることが予想される。そして、規制緩和の進展は、後にみるように、一方ではアクセス障害の克服という所期の目的を達すると同時に、適切な対応策がとられない場合には弁護士の産業化現象という副作用を生み出す可能性がある。

(ⅳ) 弁護士に対する市民のアクセス障害克服のための諸施策

　弁護士に対する市民のアクセス障害の問題は、現在弁護士が抱える大きな問題の一つである。弁護士人口の増加や規制緩和はこの問題への処方箋としてその必要性が叫ばれてきたが、これらのみによってはアクセス障害は解決されえない。特に、経済的弱者が弁護士のサービスを利用できるようにするためには、法律扶助制度、プリペイド・リーガル・サービス、被疑者国公選制度など経済面での施策が不可欠である。これら諸施策について日本は、欧米諸国だけでなく韓国などと比較しても後進国の地位に甘んじてきた。日弁連はかねて特に法律扶助制度の抜本的改革や被疑者国選制度の創設の必要性を訴えてきたが、1998年の自民党司法制度調査会報告書が法律扶助制度の充実・強化を提唱し、現在の司法制度改革審議会でこの問題が取り上げられるに至り、法律扶助制度の改革は現実味を帯びてきている。

　また、プリペイド・リーガル・サービスの一形態である権利保護保険も、今後導入される可能性が膨らんできているといわれている。さらに日弁連や各弁護士会の努力によって、当番弁護士制度や弁護士過疎地対策の充実が今後も期待される。今後の政治状況如何によっては、被疑者国公選制度の発足も夢ではなくなる可能性もある。

　このように、弁護士に対する市民のアクセス障害克服のための施策は今後充実される方向にあることは間違いない。しかしその規模や形態・弁護

士業務に対するインパクトの大きさなどについてはいまだ不透明である。

(v) 司法の容量の拡大と裁判手続の効率化

　日本人が司法を利用しない大きな要因は、裁判に時間がかかるなど司法が非効率なことにある。司法が非効率なのは裁判官の人数が少ないことが最も直接的理由であるが、今後の司法改革により裁判官が増員され、司法予算の増加によってそれに見合う人的物的施設が充実すれば、ある程度この問題を解消することができよう。また、新民事訴訟法の下である程度手続の迅速化が期待される。このような裁判の迅速化・効率化は訴訟件数の増加を促し、当然弁護士業務の規模拡大に繋がるであろう。

(vi) 法曹一元制度

　もし法曹一元制度が実現し弁護士から裁判官が任命されるようになれば、弁護士制度や司法制度に大きな影響を与えるであろう。法曹一元制度は、日弁連が司法改革ビジョンで司法改革の最重要課題として取り上げ、司法改革審議会でも審議されているが、裁判所は消極的姿勢であると考えられるところから、2010年頃までに本格的な法曹一元制度が実現しているかどうかは必ずしも定かではない。ただ、弁護士任官が現在より大規模に行なわれている可能性は充分考えられる。

3　弁護士業務の変化

　以上のような諸要因によって、今後10年、20年後には弁護士業務が相当程度変化している可能性がある。これらの変化は次のような点に現れることが予想される。

(1) 職域の拡大と新しい活動分野

　まず、日本社会の「法化」、弁護士人口の増加および国際化などによって弁護士の職域が拡大し、新たな活動分野が開けてくることが考えられる。

(i) **企業法務**

　まず、最も職域の拡大が見られるのは企業法務の分野であろう。前述のように、企業活動は今後一層急速に国際化し、その行動は「グローバル・スタンダード」に支配されるようになる。外国資本の日本進出や、従来国際取引と無関係であった中小企業の国際取引活動も相当程度活発化する。そうなれば、企業は否応なく問題を法的に処理することを迫られる。そして、企業行動に「法化」が浸透すれば、単に国際活動だけでなく純粋な国内取引についても法的処理が行なわれるようになると思われる。その結果、契約交渉、コーポレート・ガバナンス、知的所有権、債権回収、労務、税務、競争法、業法等あらゆる分野で弁護士のサービスに対する需要は高まるであろう（今後規制緩和が進む反面で、環境、ディスクロージャー、消費者保護、性差別禁止等の分野で新しい規制が行なわれるようになり、これらの分野での新たな法的需要が発生することも予想される）。

(ii) **市民事件**

　次に、一般市民（個人顧客）の需要も、社会の「法化」を反映して一定の程度増加していくであろう。ただ増加の程度は企業法務ほどではなく、また、前述のように、この分野での需要の伸長は適切な弁護士情報の提供、法律扶助制度やプリペイド・リーガル・サービスの充実、過疎地対策、ADRの発達、被疑者国公選制度の創設などの諸施策如何に大きく左右されると思われる。

(iii) **新分野への進出**

　増加した弁護士人口の一部は、従来あまり弁護士の活動分野でなかった新分野に進出していく可能性がある。その第1は、社内弁護士である。現在でも外資系企業を中心として社内弁護士を採用する企業が増加しつつあるようであるが、今後この傾向は強まることが予想される。第2に、企業の取締役、監査役、管財人、コンプライアンス・アドバイザー等の需要の増大も考えられる。第3に、政府機関、地方自治体、公的法人（住管機構のような）、国連などの国際機関からの然るべきポストへの就任要請も起

こってくるであろう。第4に、今後NPOの活動が活発になれば、弁護士がフルタイムないしパートタイムでNPO活動に従事する場面も当然予想される。この分野においては国内にとどまらず国際人権、国際司法支援等の分野への進出も考えられる（なお、日弁連は1999年国連経済社会理事会の協議資格を取得し、今後一層国連NGOないし国際NGOとして重要な地位を占めるようになるであろう）。第5に、ADR（仲裁等の代替的紛争解決制度）への弁護士の関与が飛躍的に増大する可能性がある。従来、多くの単位会が主催する仲裁制度は重要な役割を果たしてきたが、1999年6月に公布された「住居の品質確保の促進等に関する法律」は弁護士会を指定紛争処理機関に指定し、弁護士による仲裁を同法に基づく紛争解決の基礎に据えた。今後他の分野でもこのようなスキームが導入されることも予想され、ADRの利用に拍車がかかる可能性がある。最後に、もし法曹一元制度が実現すれば弁護士が裁判官の供給源となることはもちろんである。

(2) 専門化

　従来、特に企業から日本の弁護士は専門化が遅れていると批判されてきた。弁護士の専門化の遅れは弁護士人口が少ないことも一つの原因であったが、より根本的にはそもそも日本の社会や企業がさほどの専門的弁護士を必要としてこなかったことが原因である。この状況は渉外法務を中心として急速に変わりつつある。今後弁護士人口が増加して競争が激化し、依頼者による弁護士の選別が厳しくなれば、弁護士の専門化に拍車がかかるであろう。これは単に企業法務の分野に限らず、市民事件においても、例えば医療過誤、クレ・サラ事件、セクハラ等多くの分野で専門的知識経験が重視されていくようになると思われる。専門化にはプラス面だけでなく、弁護士の視野の狭隘化やテクノクラート化を促し、真の意味での依頼者の利益になる「賢い」助言をできなくするなどのマイナス面もあるとの指摘もあるが、このような問題点は諸々の専門領域を担当する弁護士がチームを組むことによってある程度解決されていくであろう。いずれにせよ弁護士業務の専門化は時代の趨勢となる。

(3) 事務所経営の変容

　21世紀に入ってからは、弁護士事務所の経営は大きく変わっていく可能性がある。この変化の程度は、弁護士業務にかかわる規制がどれだけ緩和されるかにも左右される。

　まず、弁護士事務所の共同化は現在よりも一層進み、アメリカなどのロー・ファームのように変貌していく。そして一部の事務所の大規模化が進むであろう。今後10年程度の間に100人規模の事務所が2ケタの数に達しているかも知れない。事務所の規模の大きさが一つのブランド化して、規模拡大の傾向に拍車をかけるものと思われる。この過程で、合併、提携、M&Aなどの手法がとられていることも予想される。さらに外国事務所との提携や、公認会計士、税理士、司法書士など隣接業種との共同事務所（WTOなどで議論されている Multi-Disciplinary Partnership ＝ MDP）の設立なども進んでいく可能性がある。

　次に、もし複数事務所の禁止が撤廃されるならば、弁護士事務所の支店設置が始まっていく。この現象は、企業法務を専門とする大規模事務所のみならず市民事件を手がける事務所にも波及していくことも予想される。アメリカにおいては、ジャコビー・アンド・マイヤーズやハイアット・リーガル・サービシーズ等のように、全国のショッピング・センター等に支店網を張りめぐらし、遺言、離婚、日常的契約、交通事故、消費者問題等市民の法律問題を扱う全国規模の「リーガル・クリニック」が存在している。これらリーガル・クリニックは一種のフランチャイズで、「本部」が各地の弁護士と契約して統一ブランドの下にサービスを提供するのである。「本部」は莫大な広告費を投入してブランドの売り込みを図る一方で、依頼者からの苦情を受けるなどして契約弁護士を監督し、そのサービスの質を保持するシステムをとっている。わが国においても複数事務所と広告が許容されれば、このようなリーガル・クリニックが出現することも考えられないことではない。

　さらに、広告の自由化により次第に弁護士広告が普及していくであろう。新聞、週刊誌、テレビ、電話帳、駅の看板、ダイレクト・メール、いわゆる記事広告など様々な広告手段が使われるものと思われる。

また、事務所経営のOA化やパラリーガル等のサポートスタッフの使用も一層活発になっていくであろう。

4 新たな問題

　従来——今日を含めて——弁護士に対する批判の主要なものは、弁護士人口が少ない、弁護士に関する情報が不足している、専門化の程度が低く種々のニーズに対応できない、報酬が不透明でかつ高い、といったものであった（もちろん弁護士の不祥事が起こったときの倫理違反に対する批判はあったが、これは弁護士全体の体質の問題とは認識されてこなかったように思われる）。

　前記のような弁護士人口の増加、規制緩和およびアクセス障害克服のための諸施策が実現することにより、これらの批判には相当程度応えることができるものと期待される。特に企業からみた弁護士の使い勝手は良くなるであろう。

　しかし、一方でこれらの改革は新たな問題を生み出すことが懸念される。その一つは、アメリカ等で起こっている弁護士の産業化ないし「非職業化」の現象である。この現象は、弁護士の行動原理や職業観が伝統的な意味での「プロフェッション」ではなく、一般のビジネスと同様なものに支配されるようになることを指す。即ち、従来弁護士が自らの属性と考えてきた公共性や独立した地位といったものは二の次になり、弁護士は市場が要求する法的サービスを売って利益を得る商売と考えるようになることである。

　このような産業化現象が生ずる原因には、経済構造的なものと精神的なものとがある。前者は種々の原因による競争の激化である。アメリカでは従来、企業を顧客とする大事務所と顧客との間には安定的な関係があり顧客が顧問事務所を変更するようなことは稀であった。ところが、1970年代後半頃から新分野での弁護士需要の急増、社内弁護士による顧問事務所の選別等の新事情の発生により、この安定的関係が崩れ弁護士事務所間に激しい競争が生じ、弁護士事務所側が諸々の「営業活動」を行なうようになっていった。また、ヨーロッパにおいては、サッチャー政権下の英国を

中心として大幅な規制緩和が行なわれた結果、アメリカ類似の現象が起こった。わが国においてもすでにみたような弁護士業務の変化、特に経営手法の変化によって競争が激化し、欧米類似の環境ができ上がっていくものと思われる。一方、精神面での原因は、弁護士業務は一般のビジネスと変わりはないという思想の浸透である。特にアメリカ連邦最高裁は、1977年のベイツ事件において広告の全面禁止が連邦憲法修正1条に違反するとの判決を下したが、この判決は弁護士業務もビジネスであるとの考え方を正面から打ち出したため、弁護士が私的利益を追求することに対する心理的抵抗を払拭する効果を生じた。この判決は、弁護士の産業化現象の大きな精神的支えになったといわれている。わが国においても、広告の自由化によって多かれ少なかれ弁護士の心理に変化が生じていくであろう。

このような産業化現象は、市場原理を最優先する現代の「時代精神」に適合する。市場重視主義の立場からは、市場の前ではどのような業務も皆平等なのであり、人為的特権を与えられるプロフェッションは批判的な目で見られる。特に弁護士倫理の一部や規制は、反消費者主義的ないし偽善的であると批判される。この消費者主権主義、反エリート主義は、特権的な官僚主義を批判する立場とも一部で共通するものである。

このように弁護士の産業化現象は消費者主権や反エリート主義に一部そのルートを持つ限りにおいては、このような現象を是認する立場もありうる。

ところが、産業化が進行したアメリカ弁護士の現実をみると、産業化現象が消費者の利益になり、弁護士制度を全体として以前より改善させたとは思われない。むしろ弁護士が何よりも金もうけを優先させ、パブリック・サービスをしなくなっただけでなく、依頼者の利益に反したり反倫理的な行為に走っていることが指摘されている。しかも、金銭的には繁栄しているにもかかわらず、自分の仕事に満足できない弁護士が増加している。そして多くの論者はこのような弁護士の現状を厳しく批判しており、弁護士という職業の存在そのものに対する疑問にまで結びつこうとしている。このように、弁護士の産業化現象は弁護士にとっても弁護士サービスの消費者にとってもマイナスの効果を生みだしているのである。今後の日本にお

いても、弁護士人口の増加や弁護士制度の規制緩和の推進は前記したプラスの効果を持つ反面、適切な対応策が取られなければ上記のような産業化現象を引き起こす可能性を秘めている。

21世紀の弁護士が直面するであろうもう一つの問題は、弁護士という職業のアイデンティティの喪失の危険である。その一つの原因は、弁護士の業務の多様化である。専門化により担当業務そのものがますます細分化されていくだけでなく、業態（社内弁護士、学者、政府機関勤務等の弁護士も増加するであろう）、顧客層、事務所規模、大都市と地方等による多様化は格段に進むであろう。特に欧米で進行しているような企業法務のみを扱うロー・ファームと、個人顧客を相手とする弁護士との分化が顕著になるものと思われる。このような多様化は当然、弁護士の職業観にも反映していくであろう。このことに加えて、弁護士のサービス業化の傾向は、弁護士独自の職業理念を稀薄にする効果を持つ。専門的サービスを提供する者という視点でみれば、公認会計士や司法書士等の隣接職業も、否それ以外のサービス業も弁護士も何ら変わりはないからである。しかも今後、規制緩和により公認会計士等の隣接業種に対し法律事務が開放され、特に大手会計事務所による弁護士の雇傭等が現実のものとなれば、職業観の上でも両者は大きく接近すると思われる。例えば大手会計事務所に雇傭される弁護士は同じ事務所の会計士との方が刑事事件専門の弁護士とよりもはるかに職業観を共通にするであろう。まして、産業化に伴い弁護士の目標が金銭欲の追求ということになれば、弁護士独自の職業理念は消失したも同然となる。

アメリカでは弁護士の「階層化」と産業化が進んだ結果、職業の内部分裂が拡大した。弁護士は職業を統一する理念を見出すことができなくなり、専門や業態を異にする弁護士はそれぞれの中で団体を作り自らの利益を主張するようになっている。その結果、弁護士倫理に関してもコンセンサスを得ることが困難になってきている。1986年に「弁護士のプロフェッショナリズム再興のための計画」という報告書を発表したABAスタンレー委員会は、実際には分裂している弁護士の倫理観にみかけ上の統一をもたらすため、報告書の表現を極めて抽象的にし、かつ理事会での内容の審議

を省略することを余儀なくされたのである。

　このような、弁護士のアイデンティティ・クライシスは日本の弁護士にとっても対岸の火でなくなる日が来ないとはいえない。

　近年、弁護士について論ずる者を「プロフェッション・モデル」とか「ビジネス・モデル」とかに分類することが流行しているが、この「ビジネス・モデル」論者からすればこのような問題はさほどの問題ではなく、要は弁護士が市場のニーズに満遍なく応えていればよい、ということになるのかも知れない。しかし私は、産業化と弁護士のアイデンティティの問題は弁護士とは何か、弁護士という職業の存在理由は何かという根本問題に行きつく問題であると考えている。アメリカでは、弁護士があまりにもプロフェッショナリズムから乖離したため、弁護士業務の「パラダイム変換」が唱えられるようになっている（日本の「ビジネス・モデル」もこれと同じ主張なのだろうか）。即ち、弁護士業務を他のビジネスと同じものと割り切り、弁護士が利益追求することを当然と認め、低所得者層に弁護士のサービスが行きわたるようにすることは社会一般の責任であって弁護士の責任ではないとする。その代わり、弁護士自治も法律業務の弁護士独占制度も不要であるとされ、ミルトン・フリードマンのような論者は弁護士資格さえ不要だと主張しているのである。弁護士をプロフェッションと見ない理論を純化していけば、このような理論が出てくるのも当然といえる。弁護士という職業が制度的に存在している理由は、各弁護士に経済的利益を追求させるためではなく、弁護士が司法制度の一翼を担い、社会・公共の期待に応える役割を果たしているからである。もしこの前提が崩れるならば、弁護士による法律業務独占も、弁護士自治も、否弁護士という資格そのものも不要ということになるであろう。21世紀には日本の弁護士もこのような根本問題と対峙せざるをえなくなるかも知れないが、私は、われわれが今後生ずる弁護士のアイデンティティ・クライシスの傾向に適切に対応することによって上記のような問題が生じないよう不断の努力を怠るべきでないと思う。

5 何をなすべきか

　ここまでは21世紀の弁護士がどのようなものになっていくかという、私なりの「予想」を書いてきた。しかし、いうまでもなく、弁護士の将来像は今後弁護士がどのように自己改革をするかという、主体的努力に大きく左右される。そこで、今後弁護士は何をなすべきかについて私の考え方を記してみたい。ただ、私はこの問題について比較的最近何度か論じたことがあるので、以下の論述は基本的にこれらの繰り返しにすぎないことをお断りしておく。

(1) 弁護士へのアクセス障害の克服

　すでに述べたように、弁護士へのアクセス障害の問題が弁護士制度批判の最も重要なものであった。このアクセス障害の克服の手段としては、弁護士人口の増加を含めた規制緩和と法律扶助制度等の積極的施策の二つが考えられる。

　このうち弁護士制度の規制緩和は今回の司法改革の中でも一つの中心的テーマになっており、われわれにとっても避けて通れない問題である。規制緩和がアクセス障害克服の一つの有効な手段であり、世界的に弁護士制度の規制緩和が時代の潮流となってきている以上、わが国の弁護士がこれに背を向けることは許されないであろう。ただその一方でアメリカ等に見られる弁護士の産業化現象の主要な原因は、規制緩和による競争の激化と弁護士の職業観の変質であったことはすでに見たとおりである。したがって、われわれは今後、弁護士人口の増加を含めた規制緩和を行なうことによってアクセス障害克服に努めると共に、過度の産業化を防止するような制度改革を行なうべきである。そのために必要なのは結局のところバランスである。例えば、弁護士人口の増加にしても過度に急激な増加は望ましくない。また広告の自由化についても、自由化によって必ず起こると思われる誇大広告や誤導的な広告に対する規制をきちんと整備しなければならない（現在、政治、経済、社会のあらゆる面で規制緩和が主張されているが、その際一定のバランスが求められるのは多くの場合に共通な原理である。例え

ばジョージ・ソロスのような、市場原理を最大限に利用している人物ですら、国際金融市場における「市場原理主義」の行きすぎに対し警告を行なっている）。

　もう一つのアクセス障害克服の手段である法律扶助、プリペイド・リーガル・サービス、当番弁護士の充実等の積極的施策は、規制緩和のような副作用もないものであり、可能な限り実現・拡充していくべきである。これらの施策は規制緩和のみによってはアクセス障害から脱することのできない経済的弱者のために是非とも必要である。このことは、特に強調されなければならない。というのは、規制緩和を主として念頭においている今回の司法改革の動きの中で、ともすればこの問題が軽視されるのではないかと危惧するからである。

(2) プロフェッショナリズムの堅持

　前述のように、今後、弁護士業務の変容の中で生ずる問題は弁護士の産業化現象とアイデンティティの喪失の危険である。われわれがプロフェッショナリズムを堅持するための意識的行動をとらない限り、この危険は次第に顕在化していくものと考えられる。したがって、日弁連および各弁護士会は今後プロフェッショナリズム維持のための活動を強化すべきである。特に倫理の維持とプロ・ボノ活動の強化はその重要な要素である。

　今後、弁護士人口の増加、多様化、規制緩和による行動の自由の拡大などにより不祥事を起こす弁護士が増加する懸念なしとしない。弁護士が依頼者の信頼に基礎を置く職業であり続ける以上、倫理の維持は職業の社会的信用維持のために不可欠である。

　また、弁護士が多かれ少なかれ産業化する傾向が生ずる中でプロ・ボノ活動の強化は重要である。従来から社会奉仕的活動は一部の献身的弁護士によって支えられる傾向があったが、今後このような活動に無関心な弁護士が増加することが予想される。そこで、私は会員にプロ・ボノ活動をPRすることはもとより、その義務化も積極的に検討すべきであると考える。リチャード・エイベルが述べているように、弁護士は数々の特権を与えられているだけでなく公的資金による教育を受けているのであるから、その代償としてプロ・ボノ活動を行なうのは当然ともいえるからである。この

ような「規制」の強化は規制緩和に対するカウンター・バランスとしても重要である。

　そして、弁護士のプロフェッショナリズム維持のためには、弁護士団体である日弁連および各弁護士会の役割が極めて重要である。私は日弁連および各弁護士会の地位と活動は世界の弁護士会の中でも屈指のものと考えているが、今後日本社会の「法化」により弁護士のプレゼンスが大きくなる一方、弁護士のアイデンティティの稀薄化の傾向が予想される中で、日弁連および弁護士会は一層重要かつ困難な役割を果たしていかなければならない。

第 II 部

近時におけるアメリカの弁護士の変容

第5章

アメリカの弁護士自治（試論）

1 はじめに

　「弁護士自治」という概念は、もともと必ずしも一義的に定義されていない。まして、アメリカにおいては、このような概念はあまり用いられないようである。それゆえ、アメリカの「弁護士自治」という場合何を考察の対象とすればよいか必ずしも明確でないが、一応、「弁護士自治」とは、①内容的な面から、集団としての弁護士が弁護士資格の授与、綱紀の維持、制裁といった弁護士自身に対する監督を中心として、弁護士階層の地位・社会的評価の維持・向上を目的とする活動を行なうこと、②形式的な面から、弁護士が上記のような活動を行なうための組織を持つことと規定して、以下の叙述を行なうことにした。以下の構成は、2「弁護士自治の歴史」、3「弁護士自治の現状」、4「アメリカの弁護士自治の特質」となっている。

　本稿は、時間の制約と担当者の能力不足のため、あまり学問的研究といえるようなものではない。むしろ、今後アメリカの弁護士自治の問題を考えるために素材を提供するという意味合いの濃いものである。

　第1節の「弁護士自治の歴史」の部分は、主として Chroust, The Rise of the Legal Profession in America (1965), Pound, The Lawyer from Antiquity to Modern Times (1953) および McKean, The Integrated Bar (1963) の要約・紹介に終始している。したがって、これら著者の見解や方法論を批判的に検討するというような作業は行なっておらず、執筆者自身がこれら著作を読みながら感じた疑問点も解明されないままの紹介になっている。例えばクルーストやパウンドの描いた図式は、独立革命の頃まで弁護士階層昂揚期があり、その後1870年頃まではジェファーソニアンおよびジャクソニアン・デモクラシーの影響などのため、弁護士階層の質

も地位も低くなり、最後に 1878 年のアメリカン・バー・アソシエーション（American Bar Association）の設立などが契機となって再び上昇期を迎えるというものであるが、執筆者はこのような図式でアメリカ弁護士階層の歴史をすべて割り切って考えられるのだろうかという素朴な疑問を抱いている。特にパウンド自身も指摘しているように、前記のアメリカ弁護士下降期にあたる 19 世紀初頭は、いわばアメリカ法の形成期で、有能な法律家が輩出し[1]、マーシャル長官の連邦最高裁は、ジェファーソン派に対抗して着々と「司法権の優位」を確立していた時代である（有名なマーベリー対マディソン事件判決は 1803 年に出ている）。クルーストやパウンドの説はこのような事実を十分説明しえていないように思われる[2]。かぎられた時間のためこのような疑問点を解明できなかったのは残念である。今後の研究に待ちたい。

　第 2 節の「弁護士自治の現状」は、主として、第二東京弁護士会が昭和 47 年度に行なった外国弁護士会へのアンケート調査に対する米国各州のバー・アソシエーションからの回答および同封された資料（定款・年次報告等）を基礎としたものである。

　また、4 の「アメリカ弁護士自治の特質」は、執筆者が日頃考えている感想をまとめたもので、これまた学問的な研究ではない。執筆者の思い違いなどがあったら読者の御教示をお願いする次第である。

2　アメリカにおける弁護士自治の歴史

　アメリカにおける弁護士自治の歴史は決して平坦なものではなかった。弁護士自治が制度上、あるいは実質上どの程度認められ、行なわれているかは、もとより、職業集団としての弁護士階層がどのような社会的機能を

---

[1] Pound, The Lawyer from Antiquity to Modern Times (1953), pp.185-186.
[2] この点につき Dietrich Reuschemeyer, Lawyers and Their Society (1975), p.156 は弁護士階層全体の問題と弁護士の中の一部エリートの問題を分けて考えることを提唱している。

営み、社会からどのような評価を受けているかと密接に関係している。しかるに、アメリカにおいては、種々の政治的・社会的条件のために、職業集団としての弁護士階層は長い「冬の時代」を送り、そのため、弁護士自治もいくたの障害を乗り越えなければならなかった（ただ、後に指摘するように、これらの障害は日本におけるごとき官僚統制ではなく、むしろアメリカ的民主主義の昂揚・発展であったことを注目すべきである）。そして、弁護士自治を拡大するための運動は現在でもなお続いているのである（例えば、コロンビア地区では1971年初めて全員加入制の弁護士会（integrated bar）が成立した[3]）。

アメリカの弁護士自治の変遷を歴史的に区分する方法は一つに限られないと思うが、以下では、パウンドに従い、①アメリカ独立革命まで、②独立革命から1870年まで、および③1870年以降に分け、各時代の弁護士自治の様子を概観する。

(1) アメリカ独立革命まで
(i) 概説

17世紀に「新大陸」植民地が成立してから1776年のアメリカ独立革命に至る期間は、アメリカにおいて職業集団としての弁護士階層が発生し、独立革命前夜において革命の推進者としての地位を築くに至るまで成長をとげた時期である。

17世紀においては、これら植民地には、一部の例外的な者を除き、いうに値する弁護士は存在しなかったといってよい。当時、植民地は英本国から派遣された総督の治下にあり、社会の支配層を形成していたのは、聖職者（ニューイングランド）、商人（ニューヨークなどの中部）、大地主（ヴァージニアなどの南部）たちであった。これら支配層は、一般に弁護士階層に対し敵意をいだいていた。また総督や彼のとりまき連中は、常時裁判に介入しており、知的集団としての弁護士階層が出現することに脅威を感じ

---

[3] Letter from The District of Columbia Bar dated November 8, 1972.

ていた。さらに、ニューイングランドのように聖職者の勢力が強かったところでは、紛争は、確立された法原則というよりも、彼らの「教え」に従って解決される風潮が強かった[4]。

このような社会環境のもとでは、裁判が法律的素養のある職業的弁護士や裁判官によってではなく、聖職者や商人や「政治屋」などのもとで行なわれていたのも不思議なことではない（例えば、クルーストによれば、独立革命までにおけるマサチューセッツの最高裁判所長官は2・3の例外を除き、すべて非法律家が占めていた[5]）。また、ほとんどの植民地で、対価を得て他人のために法廷で弁論することを厳しく制限したり、報酬の額を制限したりする立法がなされた。しかし、このような法律家敵視の風潮にもかかわらず、実際に法廷で当事者を代理して活動する者は、どうしても必要であった。そのため、三百代言的代理人が横行し、また、シェリフやマジストレートなどの裁判所吏員が弁護士業務を行なうなど、いくたの弊害が生じたのである[6]。

17世紀の終りから18世紀の初頭に入り、弁護士ないし法律家に対する極端な敵視に破綻が生じ、職業集団としての弁護士は「必要悪」として次第に認められるようになってきた。その最大の原因は、非法律家による裁判の不合理・非能率なことが認識されるに至ったことである。そして、その背景には、ニューヨークなどを中心として、商業活動が急激に発展したという社会経済的変化があったことを忘れてはならない。これと軌を一にして、裁判所の機構・組織にも変化がみられた。パウンドによれば、この時期に初めて、各植民地は「法による裁判」を行なうための正式な裁判所を持つに至ったのである（ヴァージニア1705年、マサチューセッツ1699年、ニューヨーク1691年、ペンシルバニア1722年等[7]）。また、ハーバード、ウイリアム・アンド・メアリー、エールなどのロー・スクールで法学教育を

---

4) Chroust, The Rise of The Legal Profession in America (1965), Vol. I, pp.60-61.
5) Ibid, p.67.
6) Ibid, pp.77 et seq.
7) Pound, op. cit., p.144.

受けた者、英国からバリスターの称号を得て帰った者など、高い水準の法律家の数がようやく増えてきたのもこの時期である。

18世紀半ばから独立革命前夜にかけて、弁護士階層の水準はさらに高まり、その結果、弁護士階層の社会的地位もこれに伴って著しく向上した。かくして1750年頃には、弁護士階層の力は総督の権力に対する現実的脅威になるまでに増大し（ニューヨークの副総督コールデンは、英国政府に対し「弁護士の支配」の危険を訴えている[8]）、印紙法への反対運動などを通じ独立革命の推進力となっていったのである。

(ii) 弁護士自治

17世紀の弁護士敵視の環境においては、職業的弁護士階層はなきに等しい状態であり、また、例外的に存在した場合にも、総督あるいはその委任を受けた政府機関によって、その地位は完全に牛耳られていた。しかし、弁護士階層の質が向上し、社会的にもその地位が承認されるにつれ、種々の形で弁護士自治が発展していった。

弁護士自治の発展の態様・程度は各植民地ごとに相違があるが、一つの注目すべきパターンを示したのがマサチューセッツである。マサチューセッツにおいては、各裁判所毎に、その裁判所で活動する弁護士の資格を与える制度が採られた[9]。1701年の法律により、弁護士は、その属する地域の裁判所で宣誓をしたうえで資格を認められ、そうして資格を認められた弁護士は裁判所の一機関として扱われることになった[10]。そして、弁護士資格授与のための宣誓を行なうにあたっては、当該地方のリーダー的弁護士が当人を推薦することになっていた[11]。このような制度と慣行のため、次第に、職業意識に目覚めた弁護士の間に一体感が醸成されていった。このような一体感は、当時いまだ横行していた三百代言に対し、自らの立場

---

8) Chroust, op. cit., Vol. I, p.186.
9) Ibid, p.87.
10) Pound, op. cit., p.148.
11) Chroust, op. cit., Vol. I, pp.87-88.

を守ろうとする意識によって拍車をかけられた。かくして、1750 年代の後半には、「バー・ミーティング」と称する集会が頻繁に催されるようになった。注目すべきことは、このバー・ミーティングは、単に弁護士有志の集まりではなく、一定地域（主としてカウンティ単位）に属する弁護士全体の集合であったことである[12]。その意味では、バー・ミーティングは 20 世紀に至って出現する全員加入制の弁護士協会の原型ともいえるものである。バー・ミーティングの活動は広範であり、裁判所規則制定への提案、弁護士資格を与えるべき者の推薦、会員がクラークを採用することについての承認、法改正の検討等を含んでいた[13]。また、弁護士階層は、弁護士資格の授与についても実質的な発言力を持ち、裁判所は、弁護士（会）の推薦のない者に資格を授与することにきわめて消極的態度を示した。そして、弁護士自治の意識の昂揚は、弁護士階層の質的向上への要請に源を発するものであったから、弁護士になろうとする者には高い知的水準が要求され、その水準に達しない者は推薦を受けることができなかった（例えば、1761 年サフォーク・カウンティの弁護士は、3 年間の法学教育を受け、2 年間の実地訓練を受けることを要件とした[14]）。

　ニューヨークにおいては、弁護士資格は、最高裁判所の推薦に基づき総督が授与することになっていたが、ここでも弁護士階層の地位のたかまりに伴って弁護士自治が発展した。クルーストによれば、18 世紀初頭からニューヨークにはバー・アソシエイションが存在していた[15]。これは、弁護士有志の集まりではあったが、すでに 1730 年には、ニューヨーク最高裁判所をして、7 年間いずれかの弁護士のもとで訓練を経たものでなければ資格授与の推薦を行なわないという規則を採択させるまでに強力なものとなっていた[16]。そして、1744 年頃、ニューヨーク・バー・アソシエイ

---

12) Pound, op. cit., p.164.
13) Chroust, op. cit., Vol. I, pp.102-104.
14) Ibid, p.106.
15) Ibid, p.180.
16) Ibid, pp.181-182.

ションという団体が新たに設立された[17]。これも任意団体であったようであるが、その力は、前記のごとく、時の副総督をして「弁護士の支配」を恐れさせるほど強かった。特に注目されるのは、このアソシエイションが裁判所との提携のもとに総督の権力に対抗しようとしたことである。このアソシエイションは、マサチューセッツのバー・ミーティングのように、弁護士資格の授与のための基準の設定、弁護士倫理の確定等、弁護士階層の質的向上をめざす活動を行なった。また、革命前夜の1770年のニューヨークでは、法の研修期間として「ムート」が設立され、これにはのちの合衆国最高裁判所長官ジョン・ジェイをはじめ、多くの一流弁護士が参加した[18])。

　ヴァージニア、サウス・カロライナ等の南部植民地では、英国帰りのバリスターたちの数が多く、革命前夜には、当時の新大陸で最も令名高き弁護士たちが集まっていた。しかし、この地方では弁護士階層の組織化は全く見られていない。これにはいくつかの原因が挙げられているが、南部地方の大地主たちの勢力が強く、彼らが新興階層たる弁護士の組織化を極度に警戒したこと、バリスターの資格をもつ指導的弁護士たちは彼ら自身、大地主階級の子弟であり、かつ、英国での法学教育のゆえに、自らをその土地の弁護士としてよりも、英国のインズ・オブ・コート (Inns of court) に属するものとして意識していたことなどがその主たる原因といえよう。

(2)　独立から1870年まで
(i)　概説

　上記のように、独立革命においては、弁護士階層は各植民地においてきわめて有力な地位を占め、弁護士自治も大いに発展した。しかし、革命直後から、これに対する反動が生じ、弁護士階層は敵対的な社会環境の中で次第に力を失っていったのである。その原因は次のように要約される。第

---

17) Ibid., p.184.
18) Pound, op. cit., pp.171-172.

1には、革命後のアメリカは深刻な恐慌にみまわれ、新しい合衆国は多大の借金をかかえ、重税を課さなければならなかった。また、土地を持った者は持ったまま債務を負い、企業家は借金の返済にあえいでいた。このような環境の中で、弁護士の多くは債権者の代理人として過酷な取立を行ない、また過大な報酬を要求した。その結果、弁護士に対する反感・不信は急激に増大した。第2に、当時のアメリカ人の感情として、英国に対する反感が強く、英国から輸入された法原則を無視ないし拒絶する傾向が顕著であった（例えば、ニュージャージー州では英国の判例の引用を禁止する立法がなされた[19]）。これが英国法の教育を受けた弁護士階層への反感に結びついた。第3に、ジェファーソニアン・デモクラシーが支配的社会思想となったことが挙げられる。この思想のもとでは、排他的な「特権」を与えられた「職業」(profession)というものは非民主主義的であるして排斥されたのである。すべての生業（trade）は同格であり、誰でもあらゆる業に従事できるべきであって、特定の業だけが特別な地位を与えられて一部の者に「独占」されることは許されないと考えられた。そのため、すべての州で弁護士資格を得るための条件を著しく緩和する立法が行なわれた。第4に、独立当初の東部地区の州に加え、次第に新しい州が西に広がっていった。これらの州では、「パイオニア精神」が旺盛であったが、このパイオニア精神も特別の「職業」とは相容れないものであった。

　上記のような社会環境にもかかわらず、独立革命以後19世紀初頭までは、革命前に築かれた弁護士階層の地位は相当根強く残っており、弁護士自治も強力に行なわれた。また、この時代は――逆説的ではあるが――アメリカ法が形成された「黄金期」であり、ルーカー・マーティン、ルーファス・チョート、ダニエル・ウエブスターらの超一流弁護士が輩出し、またジョン・マーシャル、ジェームズ・ケントら、米国史上最も卓越した裁判官も存在したのである。

　しかし、1830年頃までに弁護士階層に対する厳しい社会環境は、革命

---

19) Chroust, op. cit., Vol. II, p.65.

前の所産を次第にむしばんでいった。そして、その頃から米国を支配したジャクソニアン・デモクラシーの波が、この傾向に拍車をかけたのである。産業革命の進展と西部への発展という社会経済的背景のもとに米国を席巻したこの思想は、「平等主義」を強く要求した。かくして、誰もが自分の好む生業を営む「天賦の権利」があり、「リーガル・プロフェッション」もその例外とは考えられなかった。そこで、弁護士資格はきわめてゆるやかな条件を満たすことにより与えられた。例えば、1850年のミシガン憲法議会では「善良な品性を有する21歳以上の者は誰でも」法律実務を行なう資格を有するとの条項を憲法に挿入することが圧倒的多数で可決された（もっとも最終的には異なる表現の条項となった[20]）。また同年インディアナでは、「選挙権を有する、善良な品性の者はすべてこの州の裁判所において法律実務を行なうことができる」という明文が憲法に挿入された[21]。このように法律実務を行なうことが「プロフェッション」として認められない状況下では、弁護士階層の存立の基盤は薄弱なものとならざるをえず、独立革命前後に確立した高い社会的地位は大きく後退した。そして、パウンドによれば、南北戦争の直後において、弁護士階層の地位は最下点に達したのである。ウィグモアは、この時代の法曹は「凡庸で、愛嬌はあるが自己満足屋の弁護士たちのバラバラな集合であり、彼らは明日にも起る焦眉の問題も考えず、自らの可能性を知らず、弁護士階層全体の義務と運命を意識していなかった」と酷評している[22]。

(ii) 弁護士自治

　独立革命前に発展してきた弁護士自治は、革命後も——革命直後にすでに起った敵対的環境にもかかわらず——しばらくのあいだ維持された。特にニューイングランド地方におけるバー・ミーティングは引き続き存在し、

---

20) Pound, op. cit., pp.225-226.
21) Ibid, p.226.
22) Ibid, p.248.

弁護士資格の授与、弁護士倫理の制定等に大きな業績をあげた。例えば、メインにおいては、バー・ミーティングが資格授与等の活動のほか、会員は実務修習中の者に報酬を受け取らせたり分配したりしてはならず、また、資格をもたない者に弁護士業務を代行させてはならない旨の規則を定めている[23]。また、いくつかの州では、バー・アソシエイションも設立された。のちにみるように、バー・アソシエイションの名で呼ばれる団体は、そのほとんどが任意加入制の親睦団体であるが、初期においてはバー・アソシエイションの中にも、本来的な弁護士自治の機能を持っていたものもあった。例えば、1835年に設立されたデトロイト・バー・アソシエイションは、同年の会合において、ある弁護士の綱紀問題の調査委員の選任、弁護士報酬の適正を調査する委員の選任、図書館の設置などを決めている[24]。

しかし、前に述べたような敵対的環境の中で弁護士自治は次第に弱められていった。そして1830年頃のジャクソニアン・デモクラシーが弁護士自治にも大きな打撃を与えた。特に、法律実務を行なう資格がきわめて簡単に与えられるようになったため、弁護士の団体は法曹教育、弁護士資格の授与等について影響力を行使する余地がなくなったことが重要である。このことは、1836年に解散したマサチューセッツの「サフォーク・バー」が解散の理由として「改正法」が「弁護士資格の授与の条件に本質的変更を加えた」ことを挙げていることからも看取される[25]。弁護士資格を与える条件として、なにがしかの試験を受けることを要求した州においても、——かつては弁護士階層が実質的に試験をする権限を持っていたのに引きかえ——試験はすべて州権力自身の手で行なわれるようになっていった。

かくして、1830年頃から、ニューイングランド地方のバー・ミーティングは相次いで解散した[26]。そして、そのうちのあるものは、バー・アソシエイションとして残ったが、これは、任意加入制であること、およびそ

---

23) Chroust, op. cit., Vol. II, pp.143-145.
24) Pound, op. cit., p.208.
25) Ibid, p.224.
26) Ibid, pp.223-224.

の主たる目的が会員の親睦を計ることにあることで、バー・ミーティングとは決定的に異なった性格のものであった。同様にして、前記のデトロイト・バー・アソシエイションも初めは本来的な弁護士自治の機能を持っていたようであるが、設立6年後の1841年には、判事や会員弁護士が死んだときに弔辞をおくるとか、夕食会を催すとかの機能のみを有するようになっていった[27]。この頃設立されたニューヨーク・ロー・インスティテュートも図書館の設立を行なったにとどまり、1802年設立のザ・ロー・ライブラリー・アソシエイション・オブ・フィラデルフィアはもともと図書館の設立のみを目的したものであった（このフィラデルフィアの団体はこの「冬の時代」を上記のような限定された目的をもった団体として生き残り、やがては現在のバー・アソシエイションに変身していったのは興味深い）。

(3) 1870年以降
(i) 概説

　独立革命前夜に頂点に達し、南北戦争に最下点に落ちたアメリカ弁護士階層の浮沈の歴史は、1870年頃から再び、上りのカーブを画き始める。この頃ジャクソニアン・デモクラシーの波に押し流されて「冬の時代」を送っていた弁護士階層の中にようやく弁護士の社会的使命の自覚と強固な組織の必要性の認識が高まってきた。1870年にニューヨーク市の弁護士有志が作ったバー・アソシエイション・オブ・ザ・シティ・オブ・ニューヨーク（以下、「ニューヨーク市バー・アソシエイション」という）は主として親睦のためにのみ存在した前時代のバー・アソシエイションとは異なり、弁護士の自治機能を強調した新しいバー・アソシエイションのはしりとなった。これに刺激されて各地に新しいバー・アソシエイションが設立され、1878年のアメリカン・バー・アソシエイション（以下、「ABA」と略称する）の創設は、この傾向に拍車をかけていった。現在活動しているバー・アソシエイションはほとんどすべて、この新しい波の中で生まれ発展してきた

---

27) Ibid, pp.209-210.

ものである。

　バー・アソシエイションの性格も、次第に変ってきた。その中で最も注目すべき変化は、20世紀に入ってからインテグレイティッド・バーが出現したことである。当初は、意識の高い弁護士たちだけの集まりであったバー・アソシエイションは次第に会員数が増加し、活動も充実してきたのであるが、ついに、1921年にノース・ダコタ州で初めて全員強制加入制のインテグレイティッド・バーが設立され、アメリカの弁護士自治の歴史はまた新しい時代を迎えたのである。

(ii) **ニューヨーク市バー・アソシエイションの設立とその影響**

　パウンドによれば、アメリカにおける弁護士階層の再組織化の時代は1870年におけるニューヨーク市バー・アソシエイションとともに始まる[28]。1869年12月初旬、ウイリアム・マックスウェル・エバーツを中心とする250名の弁護士たちは会合を開き、弁護士が集団を組織して活動することこそ弁護士の適正な地位を維持し、公共の利益を増進するゆえんであることを確認した。これに基づき、1870年2月15日に定款が採択され、ニューヨーク市バー・アソシエイションは正式に発足した。このアソシエイションの主要な特徴は次の2点にある。第1は、会の目的の中に、弁護士階層の名誉と威信を維持し、司法の適正な運営により大きな貢献をすることという項目が挿入され、弁護士の自治と司法に対する発言の姿勢が明確にうたわれていることである。そしてその具体化として、司法制度委員会、苦情処理委員会（会員および司法制度に対する苦情を聴く委員会）、法学教育委員会等の常置委員会が設けられた。第2は、任意加入制かつ選抜会員制の組織であることである。即ち、会員は、ニューヨーク市で弁護士資格を有する者のうち、会の決議により承認された者に制限された（原会員

---

　28) Ibid, p.254. なお、ニューヨーク市バー・アソシエイションの歴史については、George Martin, Causes and Conflicts, The Centennial History of The Bar Association of The City of New York (1970) を参照。

は当時のニューヨーク弁護士約 4,000 人中約 250 人であった）。これは、当時の弁護士階層の質や意識が一様でなく、すべての弁護士が上記のような目的を遂行する会の会員として適当とはかぎらなかったからであろう。

　ニューヨーク市バー・アソシエイションの結成は各地の「目覚めた」弁護士たちを刺激し、同様な特徴をもつバー・アソシエイションが相次いで組織されていった。この新しい気運の盛り上りの中で、1878 年にエイ・ビー・エイが結成され、アメリカの弁護士自治は新しい展開を見せることになるのである。

(iii)　ABA の結成・発展とその影響

　ABA は、当時エール大学の教授であったサイモン・イー・ボールドウィンが呼びかけ人となって、1878 年 8 月に結成された。結成時の会員はわずか 291 名にすぎなかったが、その目的とするところは大きかった。特に、当時の状況下において、合衆国全体の弁護士団体を企画したということは、画期的なことだったというべきである。結成時の規約は、ABA の目的として、法学を進歩させること、司法の運営を向上させ、全国の立法の統一を計ること、法曹の名誉を維持すること、およびアメリカ法曹の成員間の親睦を計ること、を掲げている。そして、具体的な活動の機関として、法学および法改革委員会、司法の運営および手続法委員会、法学教育および弁護士資格の授与に関する委員会、苦情処理委員会等の委員会が設けられた。

　ABA は、当初発展の速度がゆるやかであったが、1902 年を転機として急速に会員数が増大し、その影響力も強くなっていった。そして 1939 年には会員の増加を反映して改組が行なわれ、会員全員の総会を中心とした運営を改め、各地のバー・アソシエイションの代表たる代議員を中心として構成されるハウス・オブ・デレゲイツを運営の中心に据えることとしたのである。その活動においても、法学教育（特にアソシエイション・オブ・アメリカン・ロー・スクールズの創設）、弁護士資格の授与の条件の改善、司法の運営の改善、法曹の質の向上（特に弁護士倫理綱領の起草）等の分野において注目すべき成果を挙げるに至った。最近においては、政治的発言

力も強く、特に連邦裁判所の裁判官の任命については司法省に対して実質的影響力を与えるに至っている（ただ、その一面においては、ABAは政治的に保守的な体質を見せていることも見逃せない）。

　ABA結成の最も重要な影響は、各地で新しいタイプのバー・アソシエイション（即ち弁護士自治の機能を営むことを目的としたバー・アソシエイション）の結成を促したことにある。このような気運は、前述のとおり、ニューヨーク市バー・アソシエイションの結成により生まれたのであるが、ABAの結成と、その活動はその傾向を決定的なものとした。そして、特に重要なことは、爾後、州のレベルでのバー・アソシエイションの結成が促進され、これがアメリカにおける弁護士の集団的活動（特に弁護士自治に関する活動）の主力となっていくことである（植民地時代のニューイングランド地方で発達したバー・ミーティングがほとんど地方（カウンティ）単位であったことと対比せよ）。現在、アメリカのすべての州とコロンビア地区にバー・アソシエイションがあるが、これらのバー・アソシエイションのうち、1878年以前に組織されたものは5つにすぎない[29]。1923年までにすべての州が州のバー・アソシエイションを持つに至った。いくつかの州（特に中西部のコロラド、アイダホ、ネブラスカ等）では州のバー・アソシエイションは、当初、結成されたとはいっても前時代の影響から抜け出せず、もっぱら社交・親睦の機能を果たすことに終っていた。しかし、これらの州でも、次第に本来のバー・アソシエイションに発展していくのである。

(iv)　インテグレイティッド・バーの運動

　以上にみたように、現存するアメリカのバー・アソシエイションは、1870年頃より任意加入団体として発足したものである（最初のうちは、単に任意加入団体であるばかりでなく、一定の要件・手続により会員を選択したものが多い）。ところが、1920年頃より、インテグレイティッド・バーが登場し、アメリカの弁護士自治の歴史に新しいページを開くのである（こ

---

29) Pound, op. cit., p.273.

のインテグレイティッド・バーなる名称はこの運動の創始者であるハーバード・ハーレイにより与えられたもので、他の呼称、例えば「ユニファイド」とか「オーガナイズド」とか「オール・インクルーシヴ」などよりもずっとよく使われている）。インテグレイティッド・バーとは、一口に言えば、日本における弁護士と弁護士会との関係のように、州のバー・アソシエイションの会員であることが弁護士資格を取得・保持するための要件となっていることである。

　ハーレイがインテグレイティッド・バーの運動を起こすようになった動機は、彼が1912年にカナダのトロントを訪れ、そこで全員加入制の弁護士会を見たことであるといわれている[30]。彼は、かねて、当時存在していた任意加入制のバー・アソシエイションは、財政的基盤も政治的発言力も弱いことに不満を持っていたので、このカナダの制度に強い興味をもった。彼は、弁護士の団体は、司法の運営や立法に影響を与えうるような政治的発言力と弁護士自身に対する監督権（特に資格の授与・剥奪を行なう権限）を持たねばならず、そのためには弁護士会員が強制的に加入すべき団体を作ることが適当であることを説いてまわった。その結果、1913年7月13日にアメリカン・ジュディカチュア・ソサイエティが結成され、これがインテグレイティッド・バー運動推進の母体となった。ABAも、時の会長エリフ・ルートが先頭に立ってこの運動に参加した。

　かくして、1921年にノース・ダコタ州で最初のインテグレイティッド・バーが誕生した。州の議会がインテグレイティッド・バーを認める法律を通過させた背景には、これを認めることによって、会員弁護士から入会金・年会費を徴収でき、州の財政にプラスとなるという認識があったといわれていることは興味深い[31]。このノース・ダコタ州の例を契機としてインテグレイティッド・バーの運動は次第に力を増し、1930年および1940年代に相次いでインテグレイティッド・バーが生まれた。現在までに30州（た

---

30) McKean, The Integrated Bar (1963), p.33.
31) Ibid, pp.42-43.

だし、アーカンソー州を含めるべきか否かにつき争があり、これを含めなければ29州）とコロンビア地区でインテグレイションが州の法律または州最高裁（コロンビア地区については連邦裁判所）の規則により達成されている。

インテグレイティッド・バーに対してはその運動が開始された当初から批判があった。弁護士内部からは「強制的に」入会させられることへの反発があり、また外部には、インテグレイションは弁護士の「独走」の可能性を内包していると言うものがあった。そのため、各地でインテグレイティッド・バーは違憲であるとの訴訟が提起されたが、裁判所はごく一部の例外を除き、合憲の判断を下している（特に、1960年連邦最高裁はラスロップ対ドノヒュー事件で合憲とした[32]）。

3　アメリカにおける弁護士自治の現状

ここでは問題を二つの側面から考察する。一つは、弁護士自治の担い手となる弁護士の団体がどうなっているかという問題であり、もう一つは、弁護士資格の授与・剥奪および綱紀の維持に対し弁護士がどのような権限を持ち、それを現に行使しているかという問題である。

(1) 弁護士の団体
(i) 概説

アメリカにおいては弁護士の団体は連邦レベル、州のレベル、および地方（市や郡）のレベルという異なったレベルで組織されており、一人の弁護士が各レベルにおける弁護士の団体に加入しているのである（もっとも、これらの団体の相当数は任意加入団体であるから、いかなる団体にも加入しないということもありうる）。このうち、弁護士自治という観点から最も重要なのは、州のレベルでの団体である。というのは、アメリカにおいては、弁護士資格の授与は各州の権限においてなされ各弁護士の業務活動も、原

---

32)　詳細は Ibid, pp.84-111. 参照。

則として自らの属する州内でのみ行なわれているからである。現在50州全部およびコロンビア地区に一つ（または、例外的に二つ）のバー・アソシエイションがある。このうち、コロンビア地区と30州（ただしアーカンソー州を除けば29州）においては全員強制加入制のインテグレイティッド・バーであるが、残りの州では任意加入制である。

　全国的な弁護士の団体として最も著名なものは、いうまでもなくABAであるが、このほかにアメリカン・ジュディカチュア・ソサイエティ（司法の運営の改善を目指す団体）、フェデラル・バー・アソシエイション（連邦政府に雇傭されているか、連邦政府機関を活動の場としている弁護士で構成している団体）、ナショナル・バー・アソシエイション（黒人弁護士の団体）、ナショナル・アソシエイション・オブ・ウイメン・ローヤーズ（女性弁護士団体）等もある。いずれも私的な任意加入団体である。

　地方における弁護士の団体は1,700にのぼるといわれている。それらは主として市またはカウンティ単位で構成されており、シカゴ・バー・アソシエイションのように1万人を超える会員を擁し、活発な活動をしているものもある。

　以下では州のバー・アソシエイションとABAについて考察する。

(ii) **各州のバー・アソシエイション**
(a) **概説**

　前述のように各州およびコロンビア地区には原則として一つのバー・アソシエイションがある。ただし、ヴァージニアのように任意加入団体として発足したバー・アソシエイションが、インテグレイションの後にも継続している州で二つの団体が併存しているところもある（ヴァージニアについては、ザ・ヴァージニア・バー・アソシエイションとザ・ヴァージニア・ステート・バーがあり、そのほかウェスト・ヴァージニア、ノース・カロライナなどがこれに入る）。

　現在、インテグレイティッド・バーを持っているのは、コロンビア地区およびアラバマ、アラスカ、アリゾナ、アーカンソー、カリフォルニア、フロリダ、ジョージア、アイダホ、ケンタッキー、ルイジアナ、ミシガン、

ミシシッピ、ミズーリ、ネブラスカ、ネバダ、ニューハンプシャー、ニューメキシコ、ノース・カロライナ、ノース・ダコタ、オクラホマ、オレゴン、サウス・カロライナ、サウス・ダコタ、テクサス、ユタ、ヴァージニア、ワシントン、ウェスト・ヴァージニア、ウィスコンシン、ワイオミングの各州である。インテグレイティッド・バーの場合には、日本における弁護士会のように、法律または州の最高裁判所の規則に根拠を持つ公的団体であるため、弁護士に対する監督権等も正式に委譲されていることが多く、その意味で任意加入団体の場合よりも一歩進んだ団体といいうる。しかし、後述のようにバー・アソシエイションが任意加入団体である場合にも実質的にはインテグレイティッド・バーと同様な発言力を行使している場合が多く、そのかぎりでは両者の間には形式的な差ないしは程度の差しかないということもできよう（そのため、特に多くの会員を擁するニューヨーク、イリノイ、オハイオなどの州では、むしろ弁護士側の意向でインテグレイションが行なわれていないのである）。

(b) 構成

　州のバー・アソシエイションの会員は、その州で弁護士資格を与えられ現に弁護士業務を行なっている弁護士を主要な構成員とするが、その他に、ほとんどの州の場合、その州およびその州にある連邦の裁判官も会員としている。さらに州によっては、州内のロー・スクールの教授やロー・スクール学生を会員としているところもある。インテグレイティッド・バーの場合には、その州の弁護士がすべて加入することはもとよりであるが、任意団体の場合にも少なくとも過半数、多ければ90パーセントの弁護士が会員となっている。

(c) 機関

　意思決定機関としては、役員と州内の各地区から選ばれる代議員で構成される代議員会（House of Delegates または、Board of Governors と呼ばれる。もっとも州によってはこの両者を持ち、後者は理事会とでも言うべき機能を持っていることもある）があり、会員全員が一堂に会する総会を意思決定機

関としている州はむしろ少ない。

　執行機関たる役員としては通常、会長、副会長、書記、会計（この両者の機能を併せもつ役職として Executive Director なるものが置かれることも多い）が置かれる。実際の活動は常置または特別の委員会（Committee）および種々の法律部門について調査・研修・立法への提言を行なう部（Section）を通じて行なわれる。

(d)　目的・活動

　州のバー・アソシエイションの規約ないし定款で必ず謳われている目的としては、①司法の運営の向上を計ること、②弁護士の高い法律的素養・品位・威信を昂揚・維持すること、③法学教育および研修を行なうこと、④会員間および裁判官との親睦・交流を計ること、⑤非弁活動の取締を行なうこと等がある。また、立法への提言、法律案の起草を行なうこと、裁判手続の改正への提言をすることなどの項目もよく見られ、州によってはさらに「共和政体」の維持などを掲げているところもある。

　これらの目的を実行するために、次の常置委員会は、ほとんどのバー・アソシエイションに設けられている。①司法（ないし司法の運営）委員会、②弁護士倫理および綱紀委員会、③非弁活動取締委員会、④法学教育および研修委員会、また、これらのほかに法律扶助委員会・立法委員会等を置いているものも多い。さらに、最近では弁護士自治の機能を一歩前進させる活動として「依頼者に対する保証基金」（Client's Security Funds）を創設するバー・アソシエイションが目立ってきている。これは会員の中に依頼者の財産を横領したものがあった場合に、バー・アソシエイションが上記基金の中から依頼者に弁償することによって、弁護士全体の社会的信用を維持しようとする制度で、注目に値すると思われる。

　また、各種の法の分野を担当する「部」は担当する法分野における研修活動および法律改正への提言等を活発に行なっている。このような努力によって州の法律（ときには憲法）が改正されたことも数多い。この点は、官僚による立法が中心で、弁護士会が立法に関与することがきわめて少ない日本の状況と比較して一つの大きな特徴となっている。

(iii) **ABA**

　ABA は 1971 年末現在で約 15 万 5,400 人の会員を擁しており、これは合衆国で弁護士業務にたずさわっている者の約 3 分の 2 を占める（ただし、弁護士資格を持っていても会社・政府に勤務し、または大学で教鞭をとっている者もいるので、これらを含めた法曹人口の約半分に該当する）。

　ABA は州や地方のバー・アソシエイションの連合体としての性格を持っており、その中心的意思決定機関たる代議員会（House of Delegates）は、各州および主要な地方のバー・アソシエイションからの代表を構成員としている。代議員会は、このほかに、各州の個人会員全体を代表する者および主要な法曹の団体からの代表、さらに、合衆国司法長官（Attorney General）、同次官補（Deputy Attorney General）、合衆国司法次官（Solicitor General）および各州最高裁判所長官会議議長等を含んでいる。代議員会が執行委員会たる理事会（Board of Governors）のメンバーを指名し、また会長その他の役員を指名する。もっとも最近では、会長は実質的には選挙によって選ばれているのと変わらないといわれる。

　ABA も、委員会（Committee）と部（Section）によって活動が行なわれている。現在 21 の部と 29 の常置委員会および 37 の特別委員会がある。

　ABA は、州のバー・アソシエイションと異なり、直接弁護士資格の授与・剥奪に関する問題にはタッチしないため、綱紀委員会のような性格を持つ委員会はない。

　むしろ、ABA の委員会は各州が採用できるような制度や法律のモデル・草案等を準備し、その採用を各州に勧告するという形での活動が多く、また現に、そのような活動によって数々の業績をあげている。例えば 1969 年に ABA 代議員会決議により全面改訂された弁護士倫理綱領（Code of Professional Responsibility）は 1971 年末までに 40 州が採択し、残りの 10 州のうち 7 州では州のバー・アソシエイションが採用を州最高裁に勧告している。また合衆国の制定する法律・制度についてはより直接的に提言を行なっている。例えば連邦裁判所における訴訟手続の改正、特許法・著作権法の改正の提案起草等がこれにあたる。なかんずく、のちに述べるように、連邦裁判所の裁判官の人選の過程では近年きわめて大きな発言力を持

つに至っている。

(2) 弁護士に対する監督

「弁護士自治」という概念をいかに解釈するとしても、弁護士に対する監督権が弁護士階層の手に委ねられているか否かの問題は「弁護士自治」の中心的問題である。そこで以下に、アメリカにおける弁護士資格の授与、綱紀の維持、綱紀違反の弁護士に対する制裁がどのように行なわれているかを概観する。

(i) 弁護士資格の授与

弁護士資格の授与は各州ごとに行なわれ、その最終的権限は州の最高裁判所（コロンビア地区の場合にはコロンビア特別区高等裁判所）に属している。しかし、実際には弁護士の中から裁判所が任命した委員で構成される弁護士試験委員会（Board of Bar Examiners または Board of Law Examiners）が実質的決定を行なっている[33]。これら委員会が相当程度独立的地位を持っていることは、委員会の全国組織ナショナル・コンフェレンス・オブ・バー・エグザミナーズがあり、資格授与の要件や手続の平均化・向上を計っていることが示している。この点はバー・アソシエイションが任意加入団体の場合もインテグレイティッド・バーの場合も同様であるが、後者の場合にはさらに進んで形式的手続（例えば証書の発行）も委員会が行ない最高裁判所には入会させた者の名簿を提出するにすぎないようになっている州もある（例えばヴァージニア）。弁護士試験委員会は受験者の法学的素養の試験と徳性の調査を行なって合否を決定するが、徳性の調査に関連して当該州の弁護士の推薦を要求している州もある。

---

33) ABA が 1956 年に作成した Model Rules of Court for Disciplinary Proceedings によると、各州の弁護士会は、この委員会の委員を推薦する権限 (authority) を与えられている。Trumbell, Materials on the Lawyer's Professional Responsibility (1957), pp.62-63.

(ii) 綱紀の維持および懲戒

　前に見たように、州のバー・アソシエイションは、例外なく弁護士の綱紀の維持・昂揚をその目的として掲げ、かつ綱紀委員会（名称には多少のバラエティがあるが）を通じてその目的を実践に移している。この点に関して注目されるのは、ABAが5年間もの検討の末1969年12月に代議員会で採択した弁護士倫理綱領（Code of Professional Responsibility）がほとんどの州で公式な倫理基準として採用されていることである（1971年末現在、40州が正式に採択し、残りの10州のうち7州でバー・アソシエイションが州最高裁に採用を推薦する決議をしている）。この新しい綱領は1908年にABAが採択した弁護士倫理規範（Canons of Professional Ethics）を全面的に改訂したもので、9つの基本的な規範（Canons）と、これら規範をより具体化した倫理心得（Ethical Consideration）および懲戒規準（Disciplinary Rules）からなっている。

　倫理心得は、各規範について弁護士が行なうべき、または行なうべきでない行為のガイド・ラインを一般的に示し、懲戒規準では、もしその規準に牴触すれば懲戒を受けるという最低線の基準を明確に示している。またABAは弁護士倫理綱領のほかに、裁判官にのみ適用される裁判官倫理規範（Canons of Judicial Ethics）を採択している。この規範は前文と35条から成っており、法廷での行為から法律実務の禁止や社会生活上の行為基準に至るまでの広範な事項について規定している。弁護士の団体たるABAが裁判官の倫理規範を制定するということは、アメリカにおける法曹一元制度を反映しているものであり、興味深い。

　弁護士を懲戒する権限も、弁護士資格授与の場合と同様、形式的には州の最高裁判所（コロンビア地区の場合にはコロンビア特別区高等裁判所）に属している。しかし、懲戒の手続については、刑事訴訟法にも匹敵する詳細な規定が定められており、その過程で弁護士を構成員とする委員会が実質的な権限を行使している、手続の細部については各州によって多少の相違がある。以下にコロンビア地区の規則を例にとって解説する。

　まず懲戒の種類としては、事由の軽重により非公式な警告（admonition）、懲戒委員会による非公式な訓戒（reprimand）、裁判所による公式な譴責

(censure)、5年を超えない期間の資格停止および除名となっている。

　懲戒の手続を行なう中心的機関は7人の弁護士で構成される懲戒委員会 (The Disciplinary Board) であり、委員はバー・アソシエイションの提出した名簿により裁判所が任命する。懲戒委員会は、補助機関として訴追委員 (Bar Counsel)、聴聞委員会 (Hearing Committee)、および調査委員会 (Inquiry Committee) を任命・設置する権限をもっている。

　すべて懲戒手続は訴追委員が申立または職権で開始する。

　訴追委員は申立を聞いたのち、これを却下するか、非公式に被申立弁護士に警告を与えるか、または調査委員会に調査を依頼するかの決定を行なう。ただし、この決定は調査委員会により破棄されうる。

　調査委員会は、当事者主義的手続に従って、申立案件につき調査を行ない、申立を却下するか、被申立弁護士に非公式な訓告を与えるか、聴聞委員会による正式な懲戒手続に送致するかの決定を行なう。ただし、申立却下または非公式な訓告の決定に対しては、訴追委員は懲戒委員会に抗告できる。また被申立弁護士は、決定に不服のときは、聴聞委員会による正式審理を要求できる。聴聞委員会での手続は原則として正式なものであり、被申立人は通知を受ける権利、証人の反対尋問の権利、弁護人を附する権利等を有する。聴聞委員会は審理終了後事実認定と処分についての勧告を懲戒委員会に提出する。

　懲戒委員会は、意見陳述書の提出または口頭による意見の陳述の機会を当事者に与えたのち、聴聞委員会の勧告を確認するか、またはこれを変更する。懲戒委員会が被申立人を公式な譴責・資格停止または除名の処分にすべきものと認めたときは、事案は、同委員会の勧告とともに裁判所に送付され裁判所は再度口頭による意見陳述をさせたのち最終決定を行なう。上記からも明らかなように、裁判所が最終的な懲戒権を持っているといっても、手続の大半は懲戒委員会を中心とする弁護士の自治的機関に委ねられているのである。そして各州のバー・アソシエイションは綱紀の維持にはきわめて積極的にとりくんでいるようであり、実質的に弁護士の懲戒権を行使させていることに対する批判はあまりないとのことである。

　これらの懲戒の事由としては重罪（felony）の有罪判決および依頼者資

金の横領または使込みが圧倒的に多い（そのため前記の「依頼者のための保証基金」(Client's Security Funds) の制度が多くの州で採用されつつあるのであろう）。また、これらの懲戒のほかに手続の途中で自発的に廃業した弁護士も相当数あるものと想像される。

　以上に見たように、アメリカの弁護士の懲戒には州のバー・アソシエイションが実質的権限を行使しているが、この懲戒手続についてはいくつかの問題点があることが指摘されている。ABA は 1967 年 2 月に「懲戒の実行状況評価特別委員会」(Special Committee on Evaluation of Disciplinary Enforcement) を設置し、同委員会は 2 年間にわたる広範な調査ののち、1970 年 6 月に「懲戒の実行における諸問題および勧告」(Problems and Recommendations in Disciplinary Enforcement) という報告書をまとめた。この報告書は、バー・アソシエイションが行なっている懲戒に関し、36 の問題点と、その問題を解決するための勧告を報告している（例えば懲戒権がバー・アソシエイションの小さな支部に委譲されているところでは、実際には懲戒権が有効に行使されていないから、懲戒権を一定レベルに集権化すべきである。一つの州で懲戒された弁護士が、バー・アソシエイション間の連絡不足のため他州ですぐ資格を与えられるという尻ぬけ状態を解消することが必要であるなど）。そして、同報告書は、弁護士が自らに与えられた「自治権」を有効適切に行使しないときには、社会から大きな批判を受けるだろうと強調している。

4 　現在のアメリカにおける弁護士自治の特質

　日本の弁護士は、戦前「自治権」を持たず、検事正・司法大臣のような司法官僚ないしは行政権力の監督に服していた。その結果、弁護士の活動、特に弁護士の使命の根幹をなす権力を相手にしての活動には、実質的制約があったのである。戦後、「弁護士の自治」が認められたのは、それなくしては真の民主化が達成できないとの認識があったからである。即ち、日本における「弁護士自治」は裁判所を含めた国家権力によって弁護士の身分・活動が脅かされないための一つの制度的保障である点に重要な意味が

あるのである。

　このような観点からみて、アメリカの「弁護士自治」の特質は何であろうか。一言で言うならば、それは、アメリカの多くの弁護士は国家（連邦・州）権力の介入から自らの地位や活動の自由を守るため「弁護士自治」が必要であるいう感覚を明確には持っていないと思われることである。即ち、アメリカの弁護士の多数は、権力ないし「体制」との距離を感じておらず、むしろ自らが体制を維持する役目を負っているという意識を持っていると思われ、「弁護士自治」という制度を国家権力との緊張関係の中でとらえるという発想は稀薄であるようにみえるのである。そして、他方では、弁護士階層全体の一体感が弱く、そのことと、弁護士階層内部での「結束」によって権力から自らを守るという意識の稀薄さとがパラレルな関係にあると思われる。これらの特徴を生みだしている主要な原因は、次のものであろう。

(1) 法曹一元制度

　第1には、法曹一元制度が行なわれていることが挙げられる。即ち、連邦・州を問わず、裁判官は原則として弁護士の中から任命されている。裁判官と弁護士とは異なる集団に属しているのではなく、むしろ弁護士（正確には「法曹」というべきかも知れない）集団に属しているもののある者が裁判官という地位を併せ持っているというにすぎない。したがってABAの場合も各州のバー・アソシエイションの場合も、裁判官が会員（準会員というような形で一応現に弁護士活動を行なっている者と区別しているところもあるが）の資格を持っているのである。特にABAの場合には、各州の裁判官がABAの部（Sections）の長を勤めていることも多い。

　このような環境のもとでは、「弁護士自治」を裁判所に対する、ないしは裁判所からの自治として考えるという発想は生まれてこないのである。裁判所が権力機構の一部であることは事実であり、かつては、弁護士階層に敵対的な植民地総督または州の行政府により任命された裁判官が存在し、弁護士階層がこれら裁判官に対し「自治」を主張したという歴史はあったけれども、現在のように法曹一元制度のもとでは、弁護士階層にとって、

裁判官は対岸にいる「相手方」ではなく、自らの陣営に属し、ただ一定の特別任務を負っている者にすぎない。このような裁判官や裁判所に対し弁護士が「自治」を主張することはありえないのである。したがって、現在のアメリカの弁護士にとっては、弁護士の資格授与・剥奪といった弁護士に対する監督権が州最高裁判所にあるか、バー・アソシエイションにあるかはほとんど形式の問題にすぎない。

(2) 裁判官任命過程におけるバー・アソシエイションの影響力

　第2の要因として、バー・アソシエイションが裁判官任命過程に実質的影響力を行使していることが挙げられる。これは、一面、法曹一元制度の系としての側面をもつが、他方で、裁判官任命権者との関係における弁護士階層の力という意味で、別個の側面を持つものである（裁判官を弁護士階層の中から選ぶか否かということと、具体的な選任について弁護士階層がいかなる発言権をもつかということとは、別個の問題である）。

　アメリカにおいては、3分の2以上の州で裁判官は選挙により選ばれるほか、行政府により任命される場合にも政党色が強く、一般に「政治的選任」がなされる傾向が強い。この中にあって、バー・アソシエイションが、「候補者」の推薦・評価を行なうことにより、相当な影響力を行使するに至っている。特にABAの連邦裁判官選任過程における発言力は近時きわめて強いといわれている[34]。すべての連邦裁判所裁判官は大統領により任命されており、この任命については上院の承認が必要となっている。ただし、現実には、司法長官およびそのスタッフが候補者の選抜・調査を行なっている。ABAは1946年に「連邦裁判所に関する委員会」(Committee on Federal Judiciary) を創設し、同委員会を通じてこの任命過程に影響力を行使してきた。特にアイゼンハワー政権下の1958年には、上記委員会（当時の委員長バーナード・シーガルが強い政治力を持っていた）は、司法長官に、すべての裁判官候補者について、事前に同委員会の意見を聞くことを約束

---

34) Grossman, Lawyers and Judges (1965), pp.49 et seq.

させた。そして、上記委員会はこれら候補者につき非公式な調査を行ない、「極めて適任」(exceptionally well qualified)、「適任」(well qualified)、「任に耐える」(qualified)および「不適任」(not qualified)のランクづけを行なって司法長官に報告することとした。その結果、例えば、アイゼンハワーおよびケネディ両政権が任命した285人の連邦裁判官のうち、右委員会の反対を押し切って任命されたものはわずか18人にすぎなかった[35]。

　このように、バー・アソシエイションが裁判官選任過程に発言力を行使している場合には、バー・アソシエイションと任命された裁判官（およびその所属する裁判所）との間に緊張関係が生ずることが少ないであろうことは明白である。

(3) 弁護士階層と権力との距離が近いこと

　弁護士階層が裁判所に対して「弁護士自治」を主張するという意識をもっていないことは、上に見てきたとおりであるが、弁護士階層は（裁判所以外の機関を含めた）国家権力全体との間にも、緊張関係を強く感じていないように思われる。それは、弁護士階層自身が権力機構の内部にいるからにほかならない（もちろん後に見るように、ある弁護士個人が権力との距離感・緊張感を持っていることはあるが、これは弁護士階層全体の問題とは別の問題である）。弁護士階層がアメリカ社会の中枢部にいることは、誰の目にも明らかである。メイヤーによれば、弁護士階層に対する敵対感が最も強かったジャクソニアン・デモクラシーの時代に、すでにトックビルは法曹（裁判官と弁護士）こそアメリカの貴族であると喝破したが[36]、そのことは現在においてますます真実となっている。弁護士階層は、大統領・政府要人をはじめ議員、大会社重役、地方の顔役など、あらゆる分野で「パワー・エリート」を構成しているのである[37]。このような「権力内的存在」

---

35) Ibid, p.79.
36) Mayer, The Lawyers (1966), pp.9-10.
37) ライト・ミルズ著　鵜飼・綿貫訳『パワー・エリート』上巻92頁・207頁、下巻396頁・610頁等を見よ。

としての弁護士階層が、権力に対する緊張感を持って「弁護士自治」を考える余地は少ない。したがって、アメリカにおける「弁護士自治」は「官僚中心国家」であり、弁護士階層が権力から遠距離に立たされている日本の場合とは異なった意味を持っているのである。

(4) ゆるい結合——弁護士自治の内部的問題

アメリカにおける「弁護士自治」が外部に対して強い緊張関係を持たないことの裏側には、弁護士階層内部の結合が必ずしも強くないという事実があるように思われる。植民地時代のニューイングランドにおけるバー・ミーティングや結成当時のニューヨーク市バー・アソシエイション等においては、会員間に弁護士階層の共同目的を推進するという明確な意識があったが、現在ではそのような意識は必ずしも弁護士全体に行きわたっていないように思われる。特にニューヨーク等の大都市においてはこの傾向が強く、弁護士のバー・アソシエイションへの関心は、一部の者を除き、あまり大きくないといってよい。この理由はいくつか考えられるが、①弁護士数がきわめて多く、まとまりにくいこと、②弁護士の行なっている業務がきわめて専門化・多様化しており、共通の関心が得られにくいこと、③弁護士を「職業」（profession）としてよりもビジネスと考える傾向が強く、バー・アソシエイションの「効用」をあまり大きく感じないなどが、その主要なものであろう。これらのことは、イギリスのバリスターの場合と比較すれば、その違いが明白である。したがって「弁護士自治」も、会員の一体感や共通目的などに支えられたものというよりも、むしろ一つの与えられた制度として傍観されている面がある。しかし、このような傾向は会員数の少ない郡部ではより弱いものと思われる。

(5) バー・アソシエイションの保守性

前述のように弁護士階層が「パワー・エリート」であるため、バー・アソシエイションは一般的に保守的である。南部諸州でインテグレイションがいち早く実現した背景には、全部の弁護士を強制加入させることにより黒人弁護士をより効果的に「監督」できるという認識があったといわれて

いる[38]。

　したがって、バー・アソシエイションが強制加入である場合は別として、進歩的弁護士はむしろバー・アソシエイションに加入せず、他の団体（黒人弁護士の団体たるナショナル・バー・アソシエイション、アメリカ人権協会（American Civil Liberties Union））等を通じて、自らが弁護士の使命と信ずる活動を行なっている場合が少なくないのである。

　このような状況下では、バー・アソシエイションに与えられた「弁護士の監督」の権限は、ときとして「異端者」を排除するために行使される。特に、弁護士が構成している弁護士試験委員会（Board of Bar Examiners）や徳性審査委員会（Committee on Character and Fitness）は、共産主義者であることを理由として申請者に弁護士資格を与えず、リベラルな裁判所によってその決定が覆された事例を相当数出しているのは皮肉なことである[39]。かくして、アメリカの弁護士たちにとって、「弁護士の自治」とは何かという問は、日本の弁護士にとっての同じ問とは異なった意味をもっているのであろう。

---

38) McKean, op. cit., p.117.
39) 例　え　ば Schware v. Board of Examiners of New Mexico, 353 U.S. 232 (1957), William v. Committee on Character and Fitness, 373 U.S. 96 (1963).

第6章 1970年代以降におけるアメリカ弁護士の業務環境の「革命的」変化

1　はじめに

　1970年代はアメリカの弁護士にとって激動の時代であった。そしてその余波は1980年代にも及んできている。一体何が起こったのであろうか？

　本稿では1970年代に起こった、アメリカ弁護士業務および彼らをとりまく環境の変化について概観してみることとする。後述のように、この変化は同じ源から発生したものではあるが、現象としては極めて多面的である。したがって、与えられた紙数では一つ一つの現象について詳しく紹介することはできない。これら諸現象に関する以下の紹介は、それらの背景が何であるのかを理解するのに必要な最小限度にとどめる。それらの詳しい紹介については別の機会に譲りたい。

　本稿はもとより学問的研究ではなく単なる事実の紹介が中心である。資料としては主として新聞・雑誌等の記事や弁護士会の出版物を使用した。したがって、いちいち注を付すことはしなかった。また、石村善助都立大学教授と海外のカレント・トピックスを丹念に追っておられる上原正夫氏から貴重な資料をお借りした。厚く感謝申し上げたい。

2　アメリカの弁護士に対する批判の高まり

　1970年代においてアメリカの弁護士の数は飛躍的に増大した。ロースクールへの入学者は1958年に約3万9千人、1969年に約6万8千人であったのが、1979年には12万2千人となった。1969年に新しく弁護士資格を得た者は約2万人だったのが、1979年にはこれが4万人と倍増した。

かくして1970年代に約11万人が新たに弁護士となり、現在全米の弁護士の数は50万人、人口500人に1人の割合で弁護士が存在しているといわれている。

これら弁護士はアメリカ社会のパワーエリートの一部を構成している。トックビルの時代から弁護士は「アメリカ社会の貴族」であったが、現在、弁護士は大統領（最近ではニクソン）、政府要人、議員、大会社重役、地方の顔役など、あらゆる分野で権力構造の中枢を担っている（彼らは日本における官僚に比肩しよう）。1970年代において、ワシントンDCで業務を行なう「ワシントン・ローヤー」が激増（1970年の1万6千人から1980年の4万人）したことは、パワー・ブローカーとしての彼らの役割が一段と増大したからにほかならない。1980年には55の政府機関が発する法令は7万7千頁にものぼった（1970年の4倍）が、このことは、弁護士の存在なしにワシントンでの活動（ことにビジネス活動）をすることをほとんど不可能にしているのである。

一方、一般市民の身近に起こる諸問題、即ち遺言、養子、不動産売買、離婚等の問題の多くも弁護士の関与なしには処理できないのがアメリカの実情である（例えば、離婚にも裁判手続を要し、不動産売買には通常「タイトル・サーチ」（権利関係の調査）をする必要がある）。このように、極端にいえば、アメリカ社会は弁護士なしには暮らせないようなしくみになってきたのである。

しかし、アメリカの弁護士による「リーガル・サービスの伝達」には大きな矛盾が存在してきた。それは、弁護士なしには暮らせないような社会構造になっている（即ち、弁護士のサービスの潜在的需要は莫大なものである）のにかかわらず、多くの市民が弁護士に相談できない、という矛盾である。著名な消費者運動家ラルフ・ネーダーの言葉によれば、「90パーセントの弁護士が10パーセントの市民にサービスを提供している」状態が存在してきたのである。

その原因は何か。そこには、相互に密接に関連するいくつかの原因があった。その主要なものを挙げれば、①弁護士の報酬が高すぎて（これには金額自体が高額であることのほかに、簡単な仕事をしただけで不釣り合いな額

を請求されることが含まれる）、人口の圧倒的多数を占める中産・貧困階層の経済的能力を超える、②弁護士が身近に存在せず、弁護士に関する情報が不足していたため、一般市民にはどこの誰に相談してよいか分からない、③弁護士報酬に関する情報が不足していて、いくら請求されるか分からないという不安がある、④「エリート」である弁護士に対する一般的不安感、不信感がある、などである。

　このような事態に対する市民一般の不満は大きかった。もちろん、このような不満は多かれ少なかれ、過去にも存在してきた。しかし、1970年代には、矛盾は限界点に達した。それは、一方で弁護士のサービスに対する需要が一層大きくなったのに、他方で弁護士報酬はますます高くなる傾向にあったからである。また従来の司法制度が、単純な事件や少額事件を有効・適切に処理できないことに対する不満も弁護士に対する不満として表われる面をもった。そして、安く弁護士に相談できるような制度（例えば後述のグループ・リーガル・サービス・プラン）を実施しようとすると、弁護士会が非弁活動であると主張したり、弁護士倫理を盾にこれを阻止したりするという不満も生じた。

　しかも1970年代は弁護士に対する不満が爆発するためのいくつかの条件が存在した。その一つは、消費者運動の高まりである。1960年代に昂揚した消費者運動は、弁護士のサービスのあり方にも眼を向けた。また、このような運動の洗礼を受けた一般市民の意識も従来とは異なっていた。その結果、弁護士のサービスのあり方に「欠陥」があるならこれを是正すべきだという声が自然と高まったのである。これに加え、ニクソンを始め多数の弁護士が「主役」を演じたウォーターゲート事件は弁護士の権威を失墜させる効果を持った。市民は弁護士を公然と批判する絶好の機会を得たわけである。

　かくして、弁護士の「体制」に対する批判が各所で噴出した。その先頭に立ったのは消費者運動家とこれに協力する若手弁護士達であった（1976年に出版されたラルフ・ネーダーとマーク・グリーン共編の「弁護士を裁く」（Verdicts on Lawyers）という本は、彼らの主張と実践を明快に示した極めて示唆に富むものである）。しかし、弁護士に対する批判は単にこのような「反

体制派」によるものだけではなかった。後述するように、連邦最高裁のバーガー長官が弁護士の能力について批判したのをはじめ、カーター大統領、有力議員なども弁護士によるリーガル・サービスの伝達のあり方について批判的発言を行ない、制度の改革を主張した。

　このような批判の高まりの中で、連邦最高裁は後述する二つの画期的判決を下し、長期間多くの弁護士が当然と考えてきた最低報酬基準や広告規制が違法・違憲とされたのである。また、司法省反トラスト部は、弁護士会の実施するその他の規制の中には反トラスト法違反のおそれがあるものが存在する旨再三表明した。

　これに対し、弁護士内部には反発する空気もあったが、大勢は、制度の変革は時代の要請であるとの認識を持つに至った。というよりむしろ、自ら変革を行なわなければ第3、第4の最高裁判決によって、変革を強制されるのではないかとの危機感が強まった。アメリカン・バー・アソシエイション（ABA）の動きは早かった。最高裁判決に対応して直ちに広告規制を見直したのを始め、1973年から74年にかけては弁護士の需要についての調査を実施した（その成果は報告書にまとめられ出版されている）。また、グループ・リーガル・サービス、弁護士の継続教育、パラリーガルの教育、弁護士紹介制度、ジュディケア等数多くの分野で実態調査、パイロット・スタディ、規則の制定、資金援助などを行なった。

　これらの活動の基本にあるものは、弁護士の「社会的責任」の自覚であり、リーガル・サービスの伝達方法の改善の姿勢である。広告規制の解禁や、後述の弁護士責任典範の全面改正作業（特に「公共的活動」の義務づけ）などに見られるように、これらの活動は画期的であり、それがもたらす影響にははかり知れないものがある。何人かの論者がこれを「革命的」と呼んでいるのも首肯できるのである。

　そこで、以下に、1970年代に起こった各分野での具体的変化を概観してみることにする。

3　弁護士会の最低報酬基準は違法――ゴールドファーブ事件

　アメリカ弁護士の環境の変化にかかわる一つの重大な出来事は1975年6月16日に起こった。この日、連邦最高裁は、ゴールドファーブ対ヴァージニア・ステート・バー事件において、裁判官全員一致の意見をもって、同弁護士会の定めた最低報酬基準は反トラスト法に違反するとの判決を下した。

　アメリカでは、1971年までに34州の弁護士会が最低賃金報酬基準を有していた。このような基準は、かねてより、弁護士報酬を固定し価格競争を阻害するものだとの批判が強く、1961年、ABAは、弁護士責任典範で、最低報酬基準は単に勧告的機能のみを有すべきものであり、その遵守を強制することはできないことを明らかにしていた。しかし、事実上多くの弁護士が自分の属する弁護士会の最低報酬基準を遵守していたのである。

　ゴールドファーブ氏は彼自身弁護士であるが、ヴァージニア州フェアファックス郡に自分の家を買うに際し、権利関係の調査を同郡の弁護士に依頼することにし、19人の弁護士に報酬額を尋ねたところ、その全員がヴァージニア州弁護士会の定める最低報酬額である522ドルを請求する旨回答した。このよう慣行を不当と考えたゴールドファーブ氏は、ラルフ・ネーダーのグループの応援を得て、上記の最低報酬基準は反トラスト法の禁止する「価格固定」にあたると主張して提訴した。この訴訟で連邦最高裁はゴールドファーブ氏の主張を全面的に認め、弁護士会敗訴の判決を下したのである。

　この判決は1970年代におけるアメリカ弁護士の環境変化のうえで重要な意義を持っている。それは、この判決が、単に弁護士会の最低報酬基準の違法性自体の問題を超える波及効果を持ったからである。この判決の時まで弁護士や弁護士会の行為が反トラスト法の適用を受けるか否かは議論の分かれるところであった。ABAは、かねて弁護士は「ラーニド・プロフェッション」であり、「商売（トレード）」とは本質的に異なるから反トラスト法の対象にならないと主張しており、現にゴールドファーブ事件でも、ABAはアミカス・キュリエとして上の主張を述べた陳述書を提出し

ていた。最高裁はこの主張を正面から退けたのである。これにより、連邦司法省や消費者団体等は爾後弁護士会の諸規則に対し反トラスト法に基づく提訴という武器を持つことになった。

また、この判決は、アメリカ最強のパワーエリートを自認する弁護士階層に大きな警鐘を打ちならすとともに、1960年代後半頃より次第に高まってきた弁護士に対する消費者運動家などの批判活動を勇気づけることとなった。このような意味で、次に述べる弁護士の広告規制違憲判決もゴールドファーブ判決の延長線上にあるといえる。

4 弁護士の広告の解禁――ベイツ事件とその影響

アメリカ弁護士に対しゴールドファーブ判決より一層重大な影響を与えた連邦最高裁の判決は2年後（1977年6月27日）のベイツ対ステート・バー・オブ・アリゾナ事件判決である。この判決において、最高裁は、弁護士の広告の全面禁止は連邦憲法修正1条の「言論の自由」条項に違反すると判示した。

1937年以来、弁護士による広告はほとんど全面的に禁止されていた。許されたのは、名刺、（事務所開設時などの）簡単な通知、事務所表示、レターヘッド、電話帳への登載および一定の弁護士名鑑への登載だけであった。（もっとも、上記判決に一年先立つ1976年2月、弁護士責任典範が改正され職業別電話帳（イエローページ）に執務時間、初回相談料等の若干の事項を広告するのは許されるようになっていた）。

このような広告禁止は、イギリスの弁護士の伝統を受け継いだもので、弁護士の品位を保つうえで必要不可欠だとされていた。これに対し、消費者運動家や一部弁護士からは、広告の禁止の真の目的は、すでに地盤を確立している弁護士の権益擁護にあり、それは、本質的に弁護士の競争を制限し、その結果弁護士報酬を高額に維持する効果を持っているとの批判がなされていた。

ベイツ事件は、アリゾナ州の弁護士ベイツ氏とオスティーン氏が彼らの「リーガル・クリニック」の報酬額等を地方紙に広告したことに端を発した。

彼らは、この広告を理由とする弁護士会の懲戒処分を不服として提訴したのである。彼らの主張は、①広告禁止は競争制限行為であって反トラスト法に違反する、②広告も連邦憲法修正1条により保護される「言論」にあたる、という2点にあった。連邦最高裁は上記反トラスト法違反の主張は退けたが、修正1条に関する主張を認めベイツ氏等を勝訴させたのである。

ベイツ判決は、評決が5対4というきわどいものであったうえ、法廷意見を執筆したブラックマム判事は、この事件の争点は「弁護士がある一定の定型的（ルティーン）業務の報酬を広告することは許されるか否か」にあるとして、判決の対象を限定した。したがって、この判決により広告の禁止がすべて違憲とされたわけではなかった。

しかしその影響はすぐに現われた。ベイツ判決からわずか2カ月後の1977年8月、ABAは責任典範中の広告に関する部分を改正する決議を行ない、さらに翌年8月再度の改正を行なった。その結果、いくつかの条件付ではあるが、新聞、雑誌、テレビ、ラジオ、電話帳等あらゆる「公共媒体」による広告が解禁されることになった。多くの州の弁護士会はおおむねABAの新規則に準じた規則を採択した。

広告解禁の及ぼす影響の大きさについては、現時点でもこれを正確に評価するのは難しいかも知れない。広告解禁後も実際に広告した弁護士は全体の2～3パーセントにすぎない事実を指摘して、その影響を小さく評価する論者もある。しかしながら、反面において、広告の解禁は、少なくとも潜在的にはまさに「革命的」影響を持つとする見方もあるのである。

そのような見方を支持する一つの事実は、主として家事事件、遺言、商品クレーム、不動産、個人の破産など比較的単純で定型的処理になじむ事件のみを扱う「リーガル・クリニック」の成長である（前記のとおり、ベイツ事件もベイツ、オスティーン両弁護士のリーガル・クリニックを舞台として起こった）。最近の新聞報道によれば、広告解禁以来、このような「スーパーマーケット型」法律事務所が急成長を遂げている。ある南カリフォルニアのリーガル・クリニックは、1978年度にテレビ広告だけに30万ドル（6,500万円）を投じ、「店舗」（事務所）数を4から16に増加させた。このリーガル・クリニックでは毎月2,500人の新しい依頼者を獲得した。

また、ウィスコンシン州のあるリーガル・クリニックは、「あなたもたった10ドルで弁護士に相談できます」というキャッチフレーズでテレビ広告を行ない、1年間で5,000人の新しい依頼者を開拓した。さらに、ベイツ事件発祥の地であるアリゾナ州で2年前に2人の弁護士が創設したリーガル・クリニックは今や21人の弁護士と8つの事務所を有するまでに成長した。

このようなリーガル・クリニックの急成長の秘密は広告による大量の依頼者の獲得と価格の低廉化（即ち「薄利多売」）にある。例えば、争いのない離婚事件の報酬の平均は従来344ドルであったが、これらリーガル・クリニックでは150ドルである。彼らはたくさんのパラ・リーガルの使用と事務処理の定型化・効率化によりコストダウンを実現している。そして、ある調査によれば、リーガル・クリニックに相談した依頼者の「満足度」は在来の依頼者よりも高いことが報告されている。

5　法律扶助

貧困であるためにリーガル・サービスを受けられない人達に財政的援助を与えるという思想は1970年代に日本以外のほとんどの先進国において急速に普及した。アメリカでは1965年に法律扶助が経済的機会局（OEO）の施策の中に組み入れられ、国家資金によりこれが運営されることになった。その後1970年代前半に若干の混乱と停滞が見られたが、1975年に政府出資の公団リーガル・サービシーズ・コーポレーション（LSC）が発足し法律扶助は再び軌道に乗ったのである。これに対する財政支出も次第に増加し、1979年度には2億7,000万ドルにのぼった。

LSCはそれ自体で法律扶助を行なうのではなく、全米各地区の法律扶助団体に資金を提供することを主たる業務としている。これらの法律扶助団体の大半は給料制の専任弁護士やパラ・リーガルを置くスタッフ制法律扶助団体である（「近隣法律事務所」と呼ばれる）。1979年においてこのようなスタッフ制の団体は全米で335存在した。この中にはニューヨーク市の団体のように、弁護士約120人、パラリーガル50人、ソーシャルワー

カー10数人、事務員約130名といった大事務所から、数人で運営している小さな団体までさまざまのものが含まれている。

　LSCによる法律扶助は、イギリス等のそれと違い、貧困階層のみを対象としており、1978年において、扶助を受ける資格は、原則として、独身者で年収3,925ドル（約85万円）、4人家族の者で年収6,475ドル（約140万円）以下の者に限られていた。それでもなお、全米の法律扶助団体は1年間に140万件の法律問題を処理したのである（もっとも、法律扶助を必要とする法律問題は年間600万件にのぼるといわれている）。

　このように、アメリカの法律扶助は専任弁護士を置くスタッフ制を基本としているが、このほかに、一般開業弁護士に扶助事件を担当させ公的資金から報酬を支払う、イギリス型法律扶助（アメリカでは「ジュディケア」と呼ばれる）もわずかながら存在している。最近、ABAの内部ではジュディケアをもっと普及させるべきだとの声もあがっており、LSCもいくつかのパイロット・スタディを実施してジュディケアに対する関心を示している。

　いずれにせよ、現在全米で5,000人を超える弁護士がフルタイムでこの法律扶助事業に関与しており、彼らの収入はすべて公的資金からの収入なのである。しかし、これでもなお貧困者層全体のリーガル・サービスに対する需要を満たすには遠く及ばない状態である。

6　グループ（プリペイド）・リーガル・サービス

　弁護士費用の支払を容易にするための一つの方法として、西ドイツ・オランダなど一部西欧国家では保険制度が発達している。即ち、あらかじめ一定の金額（保険料）を払っておけば、弁護士のサービスが必要となったときにその費用を支弁してもらえるというしくみである。アメリカにおいてはこのような制度はかつてほとんど存在しなかったが、この分野でも1970年代に大きな転機が訪れた。

　アメリカでは、労働組合などの団体がそのメンバーの法律問題解決のための方策として実施してきた「グループ・リーガル・サービス」がこの制

度の中心である。その具体的しくみは必ずしも一定でなく、弁護士費用はその都度会員に支払わせるものもあるが、やはり中心となったのは、あらかじめ会員から一定額を徴収し、法律問題が発生したときはプールした基金から弁護士費用を支払うという保険型の制度である。この制度は「プリペイド・リーガル・サービス」と呼ばれる。この中には、主催団体が特定の弁護士と契約して、会員は契約弁護士にのみ相談できる「クローズド・パネル」方式と、どの弁護士にも相談できる「オープン・パネル」方式がある。労働組合などの主催するものはもっぱらクローズド方式のものである。それは、クローズド方式の場合には、主催団体が特定弁護士と契約して「大量発注」の見返りに 1 件当たりの報酬を実質的に割引いてもらうメリットがあるからである。

　このようなグループ・リーガル・サービス・プランに対して弁護士会は長い間反対の態度をとっていた。その理由は、このようなプランの主催団体は弁護士でないのに依頼者紹介をやっていることになり、弁護士がそのような団体からの事件の斡旋を受けるのは弁護士倫理に反するという点にあった。ABA の弁護士責任典範は、弁護士がグループ・リーガル・サービス・プランの主催団体と協力することを禁止していたのである。

　しかし、1970 年代になって、このような弁護士会の態度に対する批判が高まった。1974 年の年金改正にかかわる連邦法は州（したがって州弁護士会）がグループ・リーガル・サービス・プランを制限することを禁止した。司法省の反トラスト局は、この点に関する弁護士会の倫理綱領は反トラスト法違反のおそれがある旨表明した。このような空気の中で、1975 年 2 月、ABA は責任典範を改正し、制限の大半を廃止したのである。

　また、その一方で、弁護士会は自ら積極的にグループ・リーガル・サービスを主催することに乗り出した。まずフロリダ、ミシガン、ニューヨーク、オハイオ、テクサスなどの各州の弁護士会がこれを実施し、他州の弁護士会もこれに追随している。弁護士会の主催するプランはオープン・パネル方式の制度である。

　また、この制度発展のための外部的環境は次第に整ってきている。例えば、1975 年の税制改正によって、雇傭主が従業員のために、一定の条件

を備えたグループ・リーガル・サービスに支払った金額（掛け金）については損金経理が認められることになった。その結果、1980年において、全米でのグループ・リーガル・サービス・プランは（数は1,000に満たないが）、すでに500万人をカバーするまでになっており、さらに5年以内に2,000万人がいずれかのプランに加入するようになるであろうといわれている。

　前述のとおり、アメリカの法律扶助制度は中産階級をその対象としておらず、1億4,000万人といわれる中産階級の弁護士費用負担の問題は一番とり残された分野であるともいえる。その意味で、グループ・リーガル・サービスの普及への努力は今後注目に値しよう。

7　継続教育の義務付けと弁護士会による専門の認定

　1970年代は弁護士の能力についても問題にされた時代であった。弁護士の能力に関する批判の先頭に立ったのは、ほかならぬ連邦最高裁バーガー長官である。1973年のフォーダム・ロー・スクールにおける演説を皮切りとして、同長官は再三弁護士の能力の問題につき言及した。例えば1977年、彼は、アメリカの弁護士の3分の1から半数は法廷事件を担当する能力がない、との発言を行なっている。このような同長官の発言は、一部弁護士からの反発を買った反面、かねて消費者運動家や一部法律家が提起していたリーガル・サービスの「質」の問題に関する論議を沸騰させた。また、このような論議と併行して弁護士に対する弁護過誤の訴訟が激増した。

　このような背景の中で二つの新制度が急速に進展した。その一つは弁護士に対する継続教育の義務づけであり、もう一つは弁護士会による弁護士の専門認定である。

　継続教育の義務づけは、ミネソタ州が1975年に実施した制度が最初である。新制度の実施により、同州の弁護士は弁護士資格を取得した後も3年ごとに資格の更新を受けなければならず、各3年の期間中に最低45時間指定された講習を受けることが更新の要件とされるに至ったのである。現在このような制度を持つ州はミネソタの他に9州を数える（多くの場合、

毎年15時間の講習を受けることを義務づけている）。

　これに対し、専門の認定を行なっているのはカリフォルニア、フロリダ、テクサスなどの諸州である。カリフォルニアの場合、税務、証券、家事、刑事等の専門の認定を希望する弁護士は、①弁護士会の施行する当該専門分野に関する試験にパスすること、②少なくとも5年間当該専門分野の実務に「実質的に」従事していたことの二つの要件を満さなければならない（刑事についてはさらに細かい要件がある）。もちろんこのような認定を受けることは各弁護士の任意であるが、認定を受けた者はその旨表示することが認められる。そのため、専門の認定を受けることを希望する者は相当の数にのぼっている。もっとも、この制度に対しては批判も根強い。それは、この認定を受けていない弁護士が、「無能」であるかのごとき印象を与え、特に若手弁護士や、専門分野を持たず幅広い業務に従事している弁護士を不当に差別するという主張に基づいている。現にフロリダ州では、州の最高裁が非公式に専門認定制度を廃止すべきだとの意見を述べたことが報道されている。

　いずれにせよ、この継続教育の義務化と専門認定の問題は今後当分興味ある動きを見せるものと思われる。

8　新しい「非弁」問題

　弁護士が市民──特に中産・貧困階層──のニーズに充分応えていないという批判、および前記のゴールドファーブ判決やベイツ判決が弁護士会の規制の一部を無効とする状況の中で、アメリカ弁護士は新しい「非弁」問題を抱えている。この新しい「非弁」活動は、いかがわしい人物がこそこそと行なうような活動ではなく、むしろ自らの活動の正当性を主張して堂々となされているものである。その代表的な事例は、非弁護士によるリーガル・クリニック（「レイ・クリニック」と呼ばれる）の経営および離婚手続や遺言を素人が自分で行なうことができるようにする様式集や解説書の出版である。前述のとおり、広告の解禁以来リーガル・クリニックが急速に普及しているが、この中には弁護士以外の者がクリニックを所有し、

弁護士を雇傭してこれを運営する事例も生じてきている。1980年にフロリダ州弁護士会は、同州に10の事務所をもつレイ・クリニックの営業停止を求める訴訟を提起した。この事件はフロリダ最高裁判所に係属中である。

また、近時離婚手続等の解説書の普及も目覚ましいものがある。このような解説書の中には著者が弁護士でないものもあり、各州の弁護士会はこれを非弁行為と見做してその発売停止を求める訴訟を提起した。今までのところ、弁護士会側が勝訴した事例も敗訴した事例もあり、その最終的決着はついていない（このような事件の一つはミシガン州で起こったが、ミシガン州最高裁は、単にこのような解説書を売るだけでは非弁行為にならないが、特定個人に、その解説書に基づき離婚の様式の埋め方を指導したりするのは非弁活動になるとしている）。

このような中で1977年4月、ヴァージニアの連邦地方裁判所は、非弁護士による不動産の権利関係調査（タイトル・サーチ）は非弁行為にあたるとした同州弁護士会の裁定を反トラスト法に違反すると判決した。この判決は控訴審で破棄され、全米の弁護士会に深刻な影響を与える可能性のあるこの地裁判決は、一応一つの「出来事」として終わったが、このような判決が出されること自体、時代の変化を物語っているといえよう。事実、弁護士会の非弁活動取締に対し法的に挑戦しようとする動きはこれにとどまらない。例えば、1980年、ウィスコンシンの環境保護団体の職員であるアンダーソン氏（非弁護士）が政府機関主催の環境問題に関する公聴会で、この団体の代理人として上申書を提出しかつ証人の反対尋問を行なったのが非弁活動であるとされたのに対し、アンダーソン氏は、彼の活動は連邦憲法修正1条により保護されるとしてこれに挑戦する訴えを提起した。

アメリカの弁護士にとっての問題は、このような「非弁」活動が消費者運動家や司法省反トラスト局、さらに一部の学者などの支持を得ていることである。彼らは、上述のような諸活動がなされるのは、弁護士がより安い報酬でより多くの市民の法律問題を解決しようとしないからにほかならないのであり、これら諸活動は社会的な正当性を持っている、むしろこれらを制限しようとする弁護士会こそ不当であると主張するのである。そし

てこのような思想こそが1970年代における弁護士の環境変化の根本にあるものなのである。

9　ABA弁護士責任典範の全面改正作業
──公共活動の義務化？

　上述した弁護士に対する批判およびこれに対応する諸変革の中心にある一つの思想は、弁護士の社会的責任という思想である。現在ウォール街の大法律事務所の弁護士の初任給は年間35,000ドル（700万円）といわれ、古手のパートナーは20万ドル（4,000万円）から30万ドル（6,000万円）、トップクラスになると50万ドル（1億円）以上も稼いでいるといわれている。弁護士全体の総売上げは250億ドル（5兆円）でアメリカのGNPの1.25パーセントを占めている。このように弁護士が繁栄している一方で市民の大多数が弁護士のサービスを受けられない状態にある（一部には弁護士人口の増加により失業中の弁護士が相当数あるのに、LSCの法律扶助事業は弁護士不足に悩むという現象も生じている）。また、ウォーターゲート事件に見られるような弁護士による反社会的行為も生じている。

　このような状況は弁護士の社会的責任を問い直させずにはおかなくなった。そして、このような動きは遂に、弁護士のモラルや行動基準を定めた弁護士倫理の再検討を要求するに至ったのである（ネーダー等共編の前記「弁護士を裁く」なる本は、「弁護士倫理綱領」（キャノンズ・オブ・エシックス）は、実は「弁護士利益綱領」（キャノンズ・オブ・プロフィット）であると皮肉っている）。

　ABAは1978年「弁護士行動基準評価のための委員会」（通常、委員長の名をとって「キュータック委員会」と呼ばれる）を発足させ、1969年に作成したばかりの現行弁護士責任典範を全面的に見直す作業を開始した。キュータック委員会は1980年1月、「弁護士行動基準モデル・ルール」の草案を発表した。この草案は現在まだ全米各地で討論に付されている段階であるが、その内容はいくつかの点で「革命的」であり、その是非をめぐって議論が沸騰している。このうち最も注目を集めている二つの事項を紹介し

よう。一つは、各弁護士に「公共的活動」（一般に「プロ・ボノ・ププリコ」ないし「プロ・ボノ」といわれる）を義務づける規定である。この規定は、各弁護士が、無料で、貧困層へのリーガル・サービスの提供または法律、法制度もしくは弁護士制度改革のための活動を行ない、毎年弁護士を監督する機関（弁護士会、裁判所等）に対しその活動につき報告する義務を定めたものである。初期の草案では、各弁護士のなすべきプロ・ボノ活動は年間最低40時間とする旨明記されていたが、最終草案ではこの文言は削除された。

　もう一つは、職務上知りえた依頼者の秘密の開示に関する規定である。草案は、伝統的な秘密遵守の原則を明らかにする一方で、一定の場合には秘密開示を認め、さらにある場合には開示を義務づけている。秘密開示が認められるのは、依頼者の「意図的な不法行為」を防止したり、そのような行為の結果を矯正するのに必要な場合である。また、開示が義務づけられるのは、依頼者の行為が第三者の死亡もしくは受傷の結果を招く場合、および依頼者が偽証をしたり、これをしようとしている場合である。

　このようなドラスチックな内容を含む上記草案（特に公共活動の報告義務や、依頼者の秘密の開示義務の規定）については弁護士内部から強い反対の声もあがっており、これが1981年8月に予定されているABA代議員会を通過するか否かは予断を許さない情勢にある。しかしながら、このような草案が発表されたということ自体、アメリカ弁護士が強い危機意識を持っていることを示しているといえるであろう。

10　アメリカの弁護士業務の今後

　社会各層からの苛烈な批判と諸制度の革命的変化にもかかわらず、アメリカの弁護士は今後も繁栄を続けていくであろう。ことに、ビジネス・ローヤーの財力と権力は今後も衰えることはないであろう（最近、大会社もあまりに高額な弁護士報酬を避けるため、自社の法務部を充実・強化させて、ロー・ファームへの「外注」を減らす努力をしてきている。しかし、その法務部に就職するのはやはり弁護士なのである。また、会社に対する訴訟の急増と

政府諸規制の複雑化のため、専門家としての外部弁護士への新たな需要が生じている）。皮肉なことに、1970年代における諸変革の影響を受けることが最も少なかったのは大会社や富裕階層を依頼者とするビジネス・ローヤー達であったのである。

　しかし、もはや変革の波を妨げることはできない。いまだ広告に実質的制限を設けている州もあるが、これもやがて変えられていくであろう。流れは明確に、市民の誰もが自己の法的権利を実現できるようにする方向に向かっている。そのためには、弁護士制度の変革だけでは足りないであろう。裁判制度、法律制度全体の変革がなければならない。本稿では紹介しなかったが、現にこの面での変化も生じつつある。例えば、弁護士の関与を必要としない少額事件裁判所や調停・仲裁制度の普及がその一例である。また、離婚法の改正により当事者が自分で離婚手続ができるようになりつつあることや、無過失責任保険の普及も挙げられよう。

　弁護士の業務における今後の変化としては、弁護士事務所の大衆化が顕著になるであろう。広告活動、定型的業務における報酬の標準化と低廉化、弁護士紹介制度の普及などにより、一般市民と弁護士との距離が大幅に縮まるであろう。多くの論者は、前述したリーガル・クリニックが今後加速的に発展することを予言している。すでに50の「店舗」（事務所）をもつリーガル・クリニックが存在しているが、今後一層巨大なクリニックが出現しよう。近い将来、「シアーズ」などのスーパーのように全国的規模のクリニックの出現を予想する論者もある（従来アメリカの大法律事務所はすべてビジネス・ローヤーのそれであったが、今後一般市民相手の大事務所が出現するというのである）。そして、弁護士事務所も一般大衆が足を踏み入れないビジネス街だけに存在するのでなく、買物客の密集するデパートやショッピング・センターの一角にも存在するようになるであろう（すでにこのような事務所を「法律店」とか「店頭弁護士」とか呼んでいる新聞報道も散見される）。

　また、報酬の低廉化のために徹底した合理化が進むであろう。その最たるものは弁護士資格のないパラ・リーガル（リーガル・アシスタント）の使用である。すでに、パラ・リーガルの普及には眼を見張るものがある。大

事務所では数十人のパラ・リーガルを置くのが常態となっており（彼らの給料は雇傭されている弁護士のそれの3分の1程度といわれている）、パラ・リーガルを訓練する学校が全米で300も存在するに至っている。今後、この傾向はますます進むであろう。また、パラ・リーガルと並んでコンピューター等の導入による機械化および、弁護士の専門化と事務の標準化が一層進展するであろう。広告の解禁によって弁護士の「価格競争」が行なわれるようになり、また弁護士人口の一層の増加による弁護士の供給過剰の現象が生ずれば、このような合理化に遅れた弁護士は競争に勝ち残れないようになるかも知れない。

　以上に加え、法律扶助制度や、グループ・リーガル・サービス・プランの普及、さらに弁護士の「プロ・ボノ」活動の増強によって、中産・貧困階層の弁護士費用の負担の軽減化が計られることになるであろう。

　これらの諸変化によって、どこまで「法の下の平等」の実質的な実現が達成されるのか、これが1980年代のアメリカの弁護士を見る視点になるのである。

第7章

アメリカにおける弁護士業務の「産業化」とその日本への影響

1 はじめに

　現在諸外国、特にアメリカにおいて、弁護士業務及び弁護士制度に急激かつ深甚な変化が起っている。これは一言でいえば、大事務所のビジネス・ローヤーを中心とした、弁護士業務の「サービス産業化」ないし「非職業化」とそれに伴う制度的変化である。このような現象の中心たる大事務所の弁護士が全弁護士に占める比重は数のうえでは極めて小さいが[1]、その影響力が絶大であるため、現在重大な関心事となっている[2]。
　日本においては、一部の国際法律業務を行なっている弁護士を除きこの現象に接する機会はいまだ少く読者の中には何故このようなことを問題にするのかと訝る向きもあるかも知れない。しかし、この現象の認識なくしては、弁護士業務の「国際化」を考えることはできないし、また、これは21世紀における日本の弁護士にも何らかの影響を与える可能性がある。本稿ではこの現象について考察してみたい。

2 欧米における弁護士業務産業化の実態

　はじめに、弁護士業務産業化の実態を簡単に紹介することとする。この

---

1) 1985年時点で、アメリカの弁護士の75パーセントは10人以下の事務所に所属しており、50人以上の事務所の弁護士の数は11パーセントにすぎない。Justin A. Stanley "Should Lawyers Stick to Their Last?" 64 Indiana Law Journal 473

産業化という地殻変動の震源地は二つあった。一つはいうまでもなく"弁護士大国"アメリカである。変化はまずアメリカで生じ、それが巨大事務所の海外進出を媒介として他国、特にヨーロッパに波及していった。もう一つの震源地はヨーロッパ、特にイギリスである。即ち、ECの経済統合に伴う弁護士業務自由化の動き、及びサッチャー前首相の規制緩和政策が

2) 多くの論者がこの問題をとりあげており、弁護士会の機関誌や弁護士の「業界新聞」の記事は到底消化しきれない量である。以下に筆者が主として参照した単行本、論文を掲げる。これらについては、以下の引用では著者名のみ用いる。
  1 Mark Stevens, POWER OF ATTORNEY, The Rise of the Giant Law Firms (McGraw Hill, 1987)
  2 Robert Nelson, PARTNERS WITH POWER: Social Transformation of the Large Law Firm (University of California 1988)
  3 Eliot Freidson, THEORY AND THE PROFESSIONS (64 Indiana Law Journal 423, 1989)
  4 Bryant G. Garth, LEGAL EDUCATION AND LARGE LAW FIRMS: Delivering Legality or Solving Problems (64 Indiana Law Journal 433, 1989)
  5 Bryant C. Danner, LOOKING AT LARGE LAW FIRMS - Any Role Left for the Law Schools? (64 Indiana Law Journal 447, 1989)
  6 James F. Fitzpatrick, LEGAL FUTURE SHOCK: The Role of Large Law Firms by the End of the Century (64 Indiana Law Journal 461, 1989)
  7 Justin A. Stanley, SHOULD LAWYERS STICK TO THEIR LAST? (64 Indiana Law Journal 473, 1989)
  8 Robert Eli Rosen, THE INSIDE COUNSEL MOVEMENT, PROFESSIONAL JUDGEMENT AND ORGANIZATIONAL REPRESENTATION (64 Indiana Law Journal 479, 1989)
  9 John Flood, MEGALAW IN THE U.K.: Professionalism or Corporatism? A Preliminary Report (64 Indiana Law Journal 569, 1989)
  10 Duncan A. Macdonald, SPECULATIONS BY A CUSTOMER ABOUT THE FUTURE OF LARGE LAW FIRMS (64 Indiana Law Journal 593, 1989)
  11 William Bishop, REGULATING THE MARKET FOR LEGAL SERVICES IN ENGLAND: Enforced Separation of Function and Restrictions on Forms of Enterprise (52 Modern Law Review 326, 1989)
  12 Bernadette Walsh, THE WIND OF CHANGE IN THE LEGAL PROFESSION: Developments since Marre (Professional Negligence 59, March/April 1989)
  13 Richard H. Sander and E. Douglass Williams' WHY ARE THERE SO MANY LAWYERS? Perspectives on a Turbulent Market (Law and Social Inquiry 432, 1988)

弁護士業務の変化に大きな影響を与えたのである。しかし、これら二つの震源地のうちでは、その規模・影響力からいってアメリカがはるかに重要である。

(1) アメリカ「弁護士産業」の巨大化

　第1はアメリカにおける弁護士人口の急増とそれに伴う「弁護士産業」の巨大化である。もともとアメリカの弁護士人口が多いことは周知のとおりであるが、過去20年間におけるその増加はかつて例を見ないものであった。即ち、1970年に27万4,000人であった弁護士数（裁判官なども含む）は1980年には52万2,000人、さらに1988年には75万7,000人となり、全人口100万人に占める弁護士人口も1970年の1,348人から1988年には3,100人へと急増した[3]。今やアメリカの弁護士数は全世界の弁護士数の半数を占めるという[4]。

　このような弁護士数の増加と共に弁護士業はアメリカの最重要産業の一つとなった。1987年における弁護士全体の総所得は、付価値ベース（総売上から他業界への支払を差引いた額）で623億ドルであるが、これは同国の鉄鋼業界の総所得をはるかに凌ぎ、自動車業界のそれに匹敵する[5]。また、この所得が国民総所得中に占める割合は1.38パーセントであり、これは1970年の0.65パーセントから倍増している[6]。

(2) 弁護士事務所の巨大化と国際化

　次に指摘すべきことは巨大事務所が次々と出現したことである。周知のように、アメリカではかなり以前から弁護士数100人を超える大事務所が存在していた。スマイゲルは、1960年代に事務所が「巨大化」した結果、1968年には弁護士数100名を超える事務所がニューヨークに11、その他

---

3) Sander and Williams p.433 TABLE 1
4) Ibid pp.432-433
5) Ibid p.434
6) Ibid p.435 TABLE 2

の都市に9存在しその最大のものは169名を擁していると記した[7]。しかし、1980年代、特にその後半に起った弁護士事務所巨大化現象はそれ以前とは全く次元を異にするものであった。特に弁護士事務所の合併・吸収（いわゆるM&A）が古今未曾有の規模で行なわれた。その結果、現在では全米で弁護士数300名以上の事務所が53、400名以上のものが19も存在し、少なくとも2の事務所は弁護士数1,000人を超えている[8]。

しかも、1980年代における弁護士事務所の巨大化現象はひとりアメリカのみならずイギリス、オランダ、オーストラリア、カナダ等においても見られた。特にイギリスにおける変化は際立っている。イギリスでは1967年の会社法改正までパートナー数20名を超えるパートナーシップは禁止されていたこともあって大きなソリシター事務所は存在していなかった[9]。（周知のようにバリスターはパートナーシップ自体が禁止されてきた。）しかし、1980年代に状況は一変した。1988年現在、最大のソリシター事務所は弁護士数550名を超え、これを含めて300名以上の事務所が5、同じく200名を超えるものが9存在している[10]。しかもこれらイギリスの巨大事務所の経済力は圧倒的で、規模の大きさの順位20位までの事務所の収入合計（13億ポンド）は全ソリシター事務所（9,795）総収入の3分の1に該当するとの推計がある[11]。また、オランダでも、ヨーロッパ大陸の他の国中では最も急激に事務所の合併、吸収が進行し、弁護士数100名を超える事務所が5も存在するに至っている[12]。

これら巨大事務所を中心として他国への進出が急ピッチで進んでいる。その通常の方法は「支店」の設置である。シカゴに本拠を置くベーカー・

---

7) Ervin O Smigel, THE WALL STREET LAWYER (First Midland Book Ed. p.359, 1969)
8) THE AM LAW 100, The American Lawyer July/ August 1990
9) Flood pp.569-570
10) Ibid pp.577-578
11) CITY LAWYER'S BIG BANG BRINGS NEW COMPETITION, Investors Chronicle 24 Aug. 1990 p.12
12) DUTCH LAWYERS GO FOR GROWTH, Law in Europe Jan./ Feb. 1990 p.12

アンド・マッケンジー事務所は22カ国に39の支店を持つという[13]。アメリカのトップ20の事務所はすべてヨーロッパに一つ以上の支店を持ち[14]、さらに中東、ホンコン、北京等に進出している事務所も存在する。最近ではイギリスの事務所も同様の動きを示しており、最大手のクリフォード・チャンスは前記ベーカー・アンド・マッケンジーに次ぎ支店数世界第2位であるとされている[15]。現在東京に32の外国法事務弁護士事務所があるが、その殆どはこれら大手事務所の支店として機能している。

また、ヨーロッパでは1992年の市場統合とアメリカ大手事務所の進出を背景として、米欧事務所間、欧州各国の事務所間で提携や合併が次々に行なわれている[16]。この現象は事務所の規模が日本と同じように小さなフランス、ドイツでも起こりつつある[17]。

(3) 弁護士の行動原理及び職業観の変質——「非職業化」

しかし、弁護士業務の「サービス産業化」と呼ばれる現象の中で最も本質的なものは、巨大弁護士事務所を中心として、弁護士の行動ないし弁護士業務が伝統的な意味での「プロフェッション」というよりも、一般の「ビジネス」と同じ原理に支配されるようになり、また弁護士の職業観もそのように変質して来ているという点である。多くの論者はこれを「非職業化」現象と呼んでいる[18]。

---

13) Timothy Harper, GOING GLOBAL - BIG LAW FIRMS EXPAND OVERSEAS, ABA Journal Sept. 1989 pp.68-69
14) US FIRMS TAKE UP THE EUROPEAN CHALLENGE, The Lawyer 1 Aug. 1989. p.14
15) Flood p.578
16) ヨーロッパにおける弁護士事務所の提携は「欧州経済利益統合（European Economic Interest Grouping, EEIG）」と呼ばれる制度の下で行なうことのメリットが一部で強調されている。EEIGS FOR LAWYERS, Law in Europe Jan./ Feb. 1990 p.3
17) Rainier Burbier, OUTLOOK FOR THE GERMAN LEGAL PROFESSION IN THE EMERGING EUROPEAN MARKET, Business Law Review May 1990, pp.141-142
18) 例えば、Garth p.438 MacDonald p.596 Note12

いうまでもなく、弁護士は医師・聖職者と共にプロフェッションの代表であり、高い公共性と独立した地位をその特色とする職業とされて来た。ただ、アメリカにおいては、すでに20世紀の前半において、企業法務を取扱う「ビジネス・ローヤー」は弁護士業務を「ビジネス」と考える傾向が強く、ブランダイス等の批判を買ったのであるが、それでも「プロフェッション」の意識は彼らの誇りであった。弁護士としての評価もいくら稼ぐかではなく、弁護士としての能力に依った。スマイゲルの描く「ウォール街の弁護士」も自らの業務が「ビジネス」化することにとまどいを隠さなかったのである[19]。

　ところが、現在の巨大弁護士事務所は弁護士業を法的サービスを売る商売、サービス業と割り切る職業観と、一般企業と同様の組織、行動原理により行動するようになって来たのである。これは種々の面に表れている。第1に、明確な営業（マーケティング）戦略に基づく事務所経営が各事務所の中心的テーマになったことである。弁護士が宣伝や営業をするのは卑しむべきこととする意識は殆ど消滅し、営業戦略の重要性は弁護士会の機関誌の記事の中でも再三うたわれている[20]。そのため、例えば新たに重要性を増した業務分野を補強するためその分野の有力弁護士を他の事務所から引き抜いたり、新たな地域に営業拠点を設けるため支店を設置しまたは当該地域の有力事務所を合併・吸収するといった、従来弁護士事務所には全く縁のなかった「事業家的」手法が大流行している。そして、過去10年ほどで急成長を遂げた事務所の殆どはその営業戦略の成功の故であるとされている[21]。これと並んでPR活動も盛んである。大事務所は一般市民向けの業務を行なう事務所のようにテレビコマーシャルなどは行なわない

---

19) Smigel p.302 et seq.
20) 例えば、David Bradlow, THE CHANGING LEGAL ENVIRONMENT - THE 1980s AND BEYOND. ABA Journal Dec. 1, 1988; Roger Sinclair, THE ESSENCE OF MARKETING, The Law Society's Gazette 15 July 1987, 16 Sept. 1987, 21 Oct. 1987, 2 Dec.1987; David Andrews, MARKETING UNDER THE FINANCIAL SERVICES ACT 1986, The Law Society's Gazette 5 Oct. 1988
21) Nelson p.61

（そのような宣伝活動は彼らにとって無意味である）が、その代わりにセミナーやパーティの開催、元政府高官の雇傭とその事実の宣伝、事務所宣伝用パンフレットの配布などの手段を多用している。現在大事務所の殆どがPR会社を傭っているという[22]。

　第2に、弁護士の「金もうけ」志向が強くなったことが指摘されよう。巨大事務所の収入は空前の大きさとなり、各パートナーも巨額の所得を得ている[23]。新人弁護士の目標も変わったようにみえる。1960年代頃には有名ロー・スクールの優秀な卒業生は、消費者運動、少数民族の権利拡大、法律扶助といった分野を志す者も相当数あったが、現在では初任給8万ドル、10万ドルといった高給で巨大事務所に就職するようになっている。弁護士の「金もうけ」志向の傾向は、1960、70年代に比べプロ・ボノ活動が大幅に減少したとの指摘[24]からも明確に読みとることができる。

　第3に、弁護士と顧客が互を見る姿勢、考え方にも重要な変化が生じた。即ち、伝統的には、弁護士はその識見、専門的知識により依頼者に助言を与えこれを指導するものであり、依頼者は弁護士からそのような助言、指導を受けることに対して「謝礼（オノレイリアム）」を支払う関係にあると観念された[25]。アメリカではイギリス・フランス等ほどにはこの観念が強くはなかったが、それでも弁護士の「独立性」は強く意識されていた。しかし、弁護士業のサービス産業化に伴い、弁護士側でも依頼者側でもこのような意識が薄れ、依頼者は弁護士のサービスを買う顧客であり、弁護士はサービスの販売者である以上の特別な存在ではないという意識が支配的

---

22) Nelson p.59
23) 1998年度においてスカデン・アーブス事務所の売上は5億1,750万ドル、売上番付20位の事務所でも1億8,100万ドルの売上を誇っている。また、同年におけるウォッテエル・リプトン事務所及びクラバス事務所のパートナーの平均収入はそれぞれ122万ドル及び74万ドルであり、番付50位の事務所のパートナーのそれでも32万5,000ドルであった。THE AM LAW 100 supra
24) Nelson p.260
25) イギリスのバリスターは自ら依頼者と報酬の話をしてはならず、また訴えにより報酬を請求することができないとされて来たのは、この考え方を象徴的に示している。

となって来ている[26]。このような意識の変化と呼応して、弁護士が依頼者に助言する際の中立性にも変化が見られる。かねて、弁護士は依頼者との間に一定の距離を置き、独立・中立の立場から依頼者に助言をするのが正しい態度であると考えられた[27]。しかし、競争の激化の中で弁護士は次第に依頼者の要求、利益をより重視し、依頼者に対し「ノー」といえない傾向が強くなって来ているといわれている[28]。

第4に、弁護士のサービス産業化は、弁護士事務所が法律事務の枠を越えて「総合的サービス」を提供する傾向を生み出している。即ち、依頼者の問題を解決するには、法律的アプローチだけでは足りない、むしろ会計、技術、金融、投資技術等多方面からアプローチすべきである、という思想である[29]。例えば、ワシントンDCの名門事務所アーノルド・ポーターは３つの「子会社」を設立し、不動産開発、ロビー活動、金融業務コンサルタントなどを行なうようになった[30]。その他、一般のビジネスコンサルタント業務はもちろん、投資、環境、不動産開発、労働等の分野で法律以外のコンサルタント業務を行なう法律事務所が相当数出現している[31]。このような動きの一方では、後述のように他業種による法律業務への進出の動きが見られることも注目に値する。

第5に、弁護士の引き抜き、事務所の合併等が流行した結果、法律事務所内部の結束にも大きな変化が生じている。従来、大事務所のパートナー間には互いに「家族意識」が存在したが、弁護士の「労働流動性」が高まった結果、特定分野で競争力のある弁護士はよりよい条件を求めて他の事務所に移籍することに何の抵抗もなくなって来た。今や、弁護士専門のヘッ

---

26) Nelson p.271
27) バリスターの職業倫理として、自分の依頼者に不利な判例でも裁判所に開示する義務があるのもこの思想の延長線上にある原則である。吉川前掲 54 頁
28) Nelson, p.263
29) Garth は、伝統的なアプローチとこのようなアプローチを対比して詳細に論じている。
30) Fitzpatrick pp.467-468
31) Ibid p.467

ド・ハンター会社が活躍し「タレント移籍」の仲介をするようになっている。このように、弁護士がプロスポーツ選手のように自らの実力を売り物にする「フリー・エイジェント」になる時代が到来したのである[32]。

3　諸変化をもたらした原因

　以上述べたように変化はどうして起こったのであろうか。これは、以下に述べるような要素の複合によるものと考えられる。

(1)　広告制限などの弁護士倫理を自由競争阻害的と見る立場の台頭と
　　ベイツ事件判決

　弁護士業務が「商売」ではなく公共性の高い職業であるという観念は厳格な弁護士倫理によって裏打ちされて来た。ところが、1960年代頃から、この弁護士倫理の一部は弁護士のギルド的・特権的身分を保障するだけで、弁護士間の自由競争を阻害する反消費者的なものであるとする主張が次第に勢いを得て来たのである。特に批判の対象とされたのは報酬に関する諸規則（最低報酬基準、イギリス勅選弁護士報酬規制）及び広告禁止である。このような批判は改革派経済学者や消費者運動家がその先鞭をつけたのであるが[33]、次第に一般に認知されるようになっていった。特にアメリカにおいては、連邦最高裁が1975年のゴールドファーブ事件において弁護士会の定めた最低報酬基準が反トラスト法に違反するとの判決[34]を、また1977年のベイツ事件において広告の全面禁止が連邦憲法修正1条に違反とする判決[35]をそれぞれ下したのである。（この画期的判決の後に下されて

---

32) Ibid p.463
33) 例えば、Brian Abel-Smith, and Robert Stevens, LAWYERS AND THE COURTS（Heinemann, 1967）; Ralph Nader and Mark Green, VERDICTS ON LAWYERS（Crowell, 1973）
　　なお、拙稿「1970年代以降におけるアメリカ弁護士の業務環境の『革命的』変化」本書Ⅱ部6章。
34) Goldfalbe v. Virginia State Bar 421 US 773（1975）

たいくつかの判決[36]によって、現在では、虚偽ないし誤導的でない限り広告は殆ど自由となっている。）

　これら判決がその後における弁護士業務のサービス産業化に与えた影響は重大であった。なかんずく、ベイツ判決はその後世界各国における広告自由化の契機となった点でも重要であるが、それ以上に、弁護士業務に対する見方・哲学を変えるうえでも深甚な影響を与えたのである。上記判決以前でもアメリカのビジネス・ローヤー達は自らの業務を「ビジネス」と意識する傾向があったが正面からこれを認めることには大きな心理的抵抗を持っていた[37]。しかし、上記判決はこのような心理的障害を取り払い、弁護士業務がビジネスであることを正面に据えて種々の「企業戦略」を考えることができるようにしたのである[38]。このように、ベイツ事件が大企業を顧客とするビジネス・ローヤーの行動に大変革をもたらしたのは皮肉なことである。ベイツ事件は、離婚、商品クレーム、遺言等の一般市民事件を扱う地方弁護士が原告となった事件であり、一般市民の弁護士へのアクセスを容易にする制度改革が必要だとする1970年代の一般的潮流の中で、連邦最高裁のリベラル派裁判官が多数を構成して下された判決（自らがビジネス・ローヤーであったバーガー長官、レンキースト裁判官など4人は少数意見）であったが、その最大の影響はむしろビジネス・ローヤーに対して現れたからである。

(2) 顧客と弁護士事務所の安定的関係の崩壊と競争の激化

　ネルソン、スティーブンスらによれば、大弁護士事務所が産業化した最も直接的な原因は顧客と事務所との間に存在した安定的関係が崩壊し事務

---

35) Bates v. State Bar of Arizona 433 U. S. 350 (1997)
36) Zauderer v. Office of Disciplinary Counsel 471 U. S. 626 (1986); Shapero v. Kentucky Bar Association 108 S. Ct. 1916 (1988)
37) Smigel p.292 et seq.
38) MacDonald p.594 Note はベイツ判決が与えたし思想的衝撃の大きさを強調している。

所間の競争が激化したことにある[39]。従来、大事務所、特にニューヨークの名門事務所はその経済的基盤を大きな固定顧客に依存して来た。そして顧客と事務所とは安定した関係を保ち、顧客が顧問事務所を変更することは殆どあり得ないことであった。従って、弁護士事務所の経済的基盤は安定し、弁護士が顧客を求めて「営業活動」をする必要はなく、そのような行為は軽蔑の対象となっていたのである。ところが、1960年代頃から環境、食品衛生、エネルギー、雇傭、年金等の諸分野で新しい法規制が大量に導入されたこと、ビジネスの国際化、新しい企業金融の採用、M＆Aの大流行等によって従来取扱われなかった分野における弁護士需要が急増し、これが顧客と弁護士事務所の間の「蜜月関係」に大きな変化を生じさせた。まず、顧客側は急増する弁護士費用を削減するため多数の社内弁護士を採用し、従来外注していた法務を社内で処理するようになった。しかも、各企業は社内弁護士に重要な権限を与えかつ優秀な弁護士を採用するようになった。そのため、かつては自由、独立なプロフェッションの地位を捨てて企業のお抱えとなる二流弁護士という評価を受けていた社内弁護士の地位が向上した[40]。このように、顧客側が多くの法律事務を社内で処理するようになったことはそれ自体弁護士事務所の経済基盤に影響を与える要因であったが、それ以外に次のような効果を生じさせた。即ち、法律の素人が弁護士に依頼をしていた時代には事務所の選別ということはなく自動的に顧問事務所に依頼がなされていたが、社内弁護士が外部法律事務所との接触の窓口になった結果、各法律分野毎に厳しく専門事務所が選ばれるようになり、顧問事務所の独占体制が崩壊したのである。しかも、新しい法律分野についてはそれを得意とする新興事務所が急速に台頭し従来の顧問事務所の地位を脅かしていった。この現象は大事務所の安定した経済基盤を危うくし、事務所間の顧客争奪戦が激化したのである。もはや、大事務所といえども「営業活動」を卑しむべきものとして一蹴する「贅沢」は許

---

[39] Nelson pp.37-85; Stevens pp.7-16 以下の論述は主としてこの文献による。
[40] Nelson p.56 et seq, Stevens p.7 et seq.

されなくなった。かくして、前述のように各事務所は「事業家的」手法を導入し、「支店」の設置、新分野に強い弁護士の引き抜き、弁護士事務所の吸収などによる競争力の強化や、活発な営業活動による顧客獲得に走ることとなったのである。これが事務所の巨大化とサービス産業化を意味したことは容易に理解できよう。

4　産業化の評価と展望

　前記のように弁護士業務が産業化、非職業化していくことに対しては各方面から懸念が表明されている。例えば、このような現象の弊害として、巨大事務所が一流ロー・スクールの優秀な卒業生に7万ドル8万ドルといった高給を払うために、優秀な頭脳の大半がそちらに流れ、そのまま一生を「アメリカ会社社会」の奉仕者として送り、その反面法律扶助等の公共的分野では人材が払底し、また、競争の激化と弁護士の金もうけ志向は倫理の荒廃を生み、濫訴、訴訟引延し、不誠実な訴訟活動等が増加しているとの指摘がなされている[41]。さらに、前述のように、大顧客を失いたくないという心理が弁護士の助言の独立性—依頼者に対し時に「ノー」という態度—に影響を与えているとして心配する声もある[42]。より巨視的に見れば、人材の巨大事務所への流出は裁判官の不足、訴訟の遅延、司法制度の機能麻痺に連なっているといえよう。

　このような事態に対しレンキースト最高裁長官は1986年9月、インディアナ大学ロー・スクールで行なった講演の中で強い懸念を表明した[43]。またABAはいち早く「プロフェッショナリズムに関する委員会」を発足

---

41) Harry T. Edwards, THE ROLE OF LEGAL EDUCATION IN SHAPING THE PROFESSION, The University of Michigan Law School Law Quadrangle Notes Vol.33, No.1
42) Garth, p.436 et seq
43) Rehnquist, THE LEGAL PROFESSION TODAY, 62 Indiana Law Journal 151 (1987)

させ、同委員会は 1986 年弁護士のコマーシャリズムを批判した「弁護士のプロフェッショナリズム再興のための計画」と題する報告書を発表[44]し、その後も ABA はプロフェッショナリズム昂揚に意を用いて来ている[45]。

しかし、以上のような懸念の表明にもかかわらず、弁護士業務の産業化の流れは今後も継続し、むしろ一層促進されると見る論者が多い。ある論者は、将来会社法務を業務とする弁護士事務所の中では巨大なものと、狭い専門分野を売り物にする小さな「ブティーク・ファーム」のみが生き残り、中規模事務所は淘汰されていくと予測している[46]。しかも、弁護士事務所は今後、事務所の中に公認会計士、技術者、経済専門家などを持ち、そこに行けば何でも分る多元的サービスを提供するような存在になっていき[47]、他方、組織面でも他の会社のように人事管理、営業、財務の専門家を擁する組織化が進行するであろうと予測している[48]。

このようにサービス産業化が進行すると、当然弁護士とは何か、弁護士制度とは何かという根本問題が持ち上がることになる。それは究極的には弁護士による法律業務の独占及び弁護士自治制度の合理性という問題にまで行きつくことになる。そもそも弁護士に法律業務の独占が認められているのは、弁護士業務が各弁護士の経済的利益追求のための道具ではなく、司法制度の一翼を担い社会・公共の期待に応える役目を果たしているからである。換言すれば弁護士が公共の利益に奉仕することの見返りに業務の独占という特権が与えられているのである[49]。もしこの側面が希薄になり、他のサービス業と同じように経済活動としての側面のみが強くなるならば

---

44) ABA Commission on Professionalism, A BLUEPRINT FOR THE REKINDLING OF LAWYER PROFESSIONALISM (1986)
45) これは ABA 機関誌における会長のメッセージなどにしばしば見られる。例えば Robert D. Raven, PROFESSIONALISM: MEETING THE CHALLENGE WITH NEW RESOLVE ABA Journal Jan. 1989, p.8
46) Fitzpatrick p.463; MacDonald pp.594-595
47) Fitzpatrick p.465; Flood p.584
48) MacDonald p.595
49) Nelson p.11

何故弁護士に法律業務を独占させる必要があるのかという疑問が提起されてくるであろう[50]。

しかし、問題を複雑にしているのは、弁護士業務産業化の背景となっている規制緩和、競争促進という考え方には一定の合理性があるということである。弁護士の資格が一般教養・法的知識に関する公的テストをパスした者のみ与えられ、広告につき厳格な制限が課される等の「規制」が存在するのは、弁護士のサービスの性質上それを利用する顧客がサービスの品質を適確に判断できず、またサービス購入の条件につき対等に交渉できないのが一般であるからである[51]。従って、もし顧客側が良質なサービスを選別する能力と購入条件の交渉力を持つ場合には、このような規制の必要性は少なくなる。むしろ、誰にでも法的サービスを提供する機会を与え、市場原理によって品質の向上、価格の合理化を計る方が社会経済的には合理的ともいえよう。アメリカのエリート弁護士達はこの思想を受け入れ易い体質を持っている。というのは、彼らの職域は、国から与えられた法律業務独占という特権によってではなく、むしろエリート集団としての能力、名声、権力、即ちその実力によって維持されて来たからである[52]。従って、彼らにとっては、今後例えば公認会計士の法律業務への進出が盛んになるような事態が生じたとしても、それを弁護士制度の危機などと考える必要はないのかも知れない。

問題は、弁護士制度が諸々の顧客層を持つ弁護士すべてを包摂した制度であり、国の司法制度の重要な一翼を担う制度であるということである。かりに、弁護士業務産業化現象が大会社を顧客とする弁護士について一面の合理性を有するとしても、それによって弁護士制度全体が変質していくことには重大な問題がある。前記のようにレンキースト最高裁長官やABA会長が懸念を表明しているのも極めて当然だといえよう。しかし、

---

50) Freidson pp.426-428
51) Ibid pp.428-430
52) Nelson p.270

巨大事務所の影響力は極めて大きく、弁護士制度、司法制度は大きな曲がり角に来ているといってよい。（アメリカの裁判制度が、濫訴、裁判官不足、巨額の訴訟費用のため機能麻痺の状態にあり、ADR の重要性が急速に叫ばれているようになっているのもこの現象と深くかかわっている。）

5　日本への影響の可能性

　諸外国における急速な弁護士業務の産業化現象は日本の弁護士ないし弁護士制度に影響を与えないであろうか。この問題について筆者の推測と若干のコメントを記してみたい。

　まず、問題となるのは、諸外国における弁護士業務の産業化は大企業を顧客層とする弁護士を中心として起こっている事実との関係である。即ち、日本において大企業が弁護士の顧客として占める比重がどのようなものであるかが、弁護士の産業化の可能性を占う重要な要素になると考えられる。また、弁護士の相当な部分が大企業からの収入に依存している場合に、顧客たる大企業が容易に弁護士を変更するなど弁護士側に競争圧力が強く働くか否かも重要であろう。筆者は、これらについての実証的データを持ち合わせていないので単なる推測を述べることしかできないが、日本においては、弁護士の顧客として大企業の占める比重は、少なくとも英米に比べて小さく、また現在のところ顧客側からの競争圧力もさほど大きいとは考えられない[53]。のみならず、幸か不幸か日本弁護士の職域は欧米弁護士のそれと比べて元来極めて限定されたものであり、また税理士、司法書士、弁理士、不動産業者等との職域混淆が確立されている。従って、日本において、当面急激に弁護士業務の競争激化とそれに伴う産業化が起こる可能性は少ないと思われる。

---

[53] 同じヨーロッパでも大企業が企業活動の大半を社内スタッフにより処理しているドイツ、フランス等では事務所の巨大化等の現象はあまり見られない。もっとも、これらの国においても徐々に産業化の影響が見られて来ている。Bishop pp.342-343

しかしながら、今後諸外国における急激な変化の波が日本にも押し寄せてくることは確実である。影響は次のような面に現われるであろう。

(1) 外国法事務弁護士制度「自由化」への圧力

第1に、最も直接的な影響として、外国法事務弁護士に関するルール改正への圧力は一層強まるであろう。日本企業の活発な対外投資、日本の金融市場としての重要性などのため、日本の「法律業務市場」は欧米の巨大事務所の垂涎の的であり[54]、彼らがその「自由化」を強く迫ることは必至である。その場合我々が認識しておくべきことは、英米の弁護士が巨大な産業であり、彼らが外国法事務弁護士制度の一層の「自由化」を経済問題と考えているということである。その背景は前述したところから明らかであろう。この問題に関する彼我の対立の根本は、この問題を弁護士制度、司法制度の問題として捉えるか、経済問題として捉えるかに存在するのである。

(2) 「渉外弁護士」の増加とその影響

第2に国際的法律事務所を専門とする「渉外弁護士」の増加とその影響の問題がある。今後日本経済の一層の国際化に伴い渉外弁護士が大幅に増加することが予想され、弁護士全体に占める渉外弁護士の相対的比重も大きくなっていくであろう。そして、渉外弁護士は日々外国の巨大事務所と接触しまた部分的に彼らと競争する立場にあるため、前述した産業化現象の影響を受けることも必然といえよう。その到達点が何を意味するかは今のところ明らかではない。しかしながら、渉外弁護士の体現する「文化」が従来の日本弁護士のそれと部分的に異質なものになっていくことは充分に考えられるところである。この傾向は、「伝統的弁護士文化」に接する機会の少ない若手渉外弁護士について一層顕著になるのではなかろうか。

---

54) 例えば、Stephen W. Stein, Go EAST, YOUNG LAWYER - US LEGAL SERVICES HOT NEW EXPORT TO ASIA, ABA Journal Sept. 1989, p.74

このような渉外弁護士の増加は弁護士全体の意識や行動に影響を与える可能性がある。欧米において巨大事務所を構成する弁護士の数は少ないのにかかわらず、その経済力・影響力は絶大であることを考えれば、もし今後渉外弁護士事務所の規模・人口が一定の比重を占めるに至った場合には21世紀における日本の弁護士を考えるうえで渉外弁護士の影響力を無視することはできないと思われる。

(3) **諸環境の変化と弁護士の意識の変化**

第3に、諸外国の弁護士業務の変質の直接的影響とはいえないが、諸環境の変化により我々弁護士の意識が漸進的に変化していくことが考えられる。諸環境の変化とは例えば次のようなことを指す。第1は弁護士会活動の国際化である。過去数年間の日弁連活動の国際化は顕著であるが今後ますますこの傾向が強まることが予想され、弁護士業務や倫理等について外国の情報が普及するであろう。第2に、日本経済の一層の国際化により、弁護士の顧客が外国の弁護士の実情を知り、それが顧客の弁護士観に影響を与える可能性がある。第3に、金融・証券などの分野を始めとして自由化が進み、自由競争がより重要な経済原理とされるようになると、弁護士倫理の一部、例えば広告の制限、報酬規程、「支店」設置の禁止、営業行為の制限等が「反競争的」な制限とみられるようになる可能性がある。このような諸環境の変化により、弁護士の意識や自らの職業に対する価値観に変化が生じてくることも考えられるが、それがどのようなものであるかは今のところ推測の域を出ないであろう。

第8章

危機に立つアメリカの弁護士

1 はじめに

　2010年アメリカの弁護士の数は120万人を超え、2008年における「弁護士業界」の総売上は2,360億ドル（約26兆円[1]）となった[2]。このようにアメリカの弁護士は繁栄を謳歌しているように見える。しかし、その一方で、現在アメリカの弁護士は危機の中にいるといわれている。一体何が起こっているのであろうか。小論では、アメリカの弁護士の「危機」とは何か、そしてそのような「危機」がなぜ生じたのかを概観してみることとしたい。

2 プロフェッションではなくなったこと

　アメリカでも弁護士はずっと「プロフェッション」と呼ばれてきた（現在でも弁護士は自らを「リーガル・プロフェッション」と呼んでいる。）。ロスコー・パウンドの有名な定義によれば、プロフェッションとは「公益に奉仕する精神の下に、共通の天職として学問的技芸を追求すること」であり、それがたまたま生活の手段となることはあっても、あくまでも公益を一義とするものであるとされていた。そして、ハーパー・リーの小説「アラバマ物語」[3]に描かれるアティカス・フィンチのような弁護士像がプロフェ

---

[1] 2016年5月ころの為替相場を参考に1ドル＝110円で換算。以下の換算も同様の為替による。
[2] Morgan, Thomas D.: The Vanishing American Lawyer, p.10
[3] ハーパー・リー著、菊池重三郎訳　アラバマ物語（翻訳初版 1964）

ッショナリズムを体現するものとされた。

　しかし、1980年頃から、アメリカの弁護士は産業化・非プロフェッション化し、次第に上記のようなプロフェッションの姿からかけ離れていった。このような現象に対し、多くの論者から「昔の良き時代」を懐かしむ声や批判が発せられ[4]、ABAも1986年、プロフェッショナリズム委員会の報告書「『公益に奉仕する精神で』——プロフェッショナリズム再興のためのブループリント」[5]を発表し、プロフェッショナリズムの精神を訴えた。

　しかし、その後も商業化は一層進行し、21世紀に入ってからは、特に大事務所を中心として、弁護士業がビジネスであり、「産業」（インダストリー）であることはもはや何人も疑わない現実となった。そのため、現在ではこの現実を正面から肯定する論調が目立つようになり、「弁護士の危機」を叫ぶ論者も、その大半は、プロフェッション論による理念的・哲学的批判や危機感の表明ではなく、以下の各項に述べるように、産業化した弁護士に生じている、より現実的・具体的な弊害や危機の指摘にとどまっている。

3　二極化と階層化——職業の一体性の喪失

　現在、アメリカの弁護士は二極化・階層化が進んでおり、内部での同質性・一体性が失われ、もはや全体を一つの職業と呼ぶのは困難である。まず、主として大企業を顧客とする大事務所と、主として小企業及び個人を顧客とする中小事務所ないし個人経営（ソロ）事務所（以下便宜上「町弁護

---

4) Linowitz, Sol M. & Mayer, Martin: The Betrayed Profession: Lawyering at the End of theTwentieth Century (1994); Kronman, Anthony T.: The Lost Lawyer: Falling Ideals of the Legal Profession (1993); Bogus, Carl T: The Death of an Honorable Profession, 71 Indiana Law Journal 878 (1996)

5) American Bar Association, Commission on Professionalism: "In the Spirit of Public Service:" A Blue Print for the Rekindling of Lawyer Professionalism (1986)

士」という）との間の二極化があげられる。両者は弁護士の出身校、事務所規模、収入、顧客層、業務分野のみならず、職業観、行動原理、経済的利害なども大きく異なっている。すでに1976年、ジョン・ヘインズとエドワード・ローマンはシカゴ弁護士会の実証的研究の結果、大事務所と町弁護士との間には互いに越えられないほどの違いがあるとして、両者を二つの異なる「半球」(hemisphere) と呼んだ[6]。

この大事務所と町弁護士との二極化と格差は1980年代から現在にかけて一層拡大し、大事務所が経済的に一層繁栄してきているのに対し、町弁護士は衰退の方向にある。例えば、事務所規模が上位100位までの大事務所の売上総額は1986年に70億ドル（現在のレートで約7,700億円）だったものが2011年には710億ドル（7兆8,100億円）と10倍に、弁護士数は1986年の25,994人から2011年の86,272人と3倍に、パートナー1人あたりの平均収入は1986年の324,500ドル（3,570万円）から2011年には140万ドル（1億5,400万円）と4.3倍にそれぞれ増加した[7]。これに対し、個人経営（ソロ）弁護士の平均年収は2010年において46,500ドル（510万円）であり、これは1988年から34％減少したとされている[8]。

第2に、近時における大きな特徴は、大事務所の内部においても階層化・格差が進行していることである。即ち、現在では大事務所はますます巨大化し、組織の官僚化が進んでいる。そして、そこで働く弁護士は、エクイティ・パートナー、非エクイティ・パートナー、パーマメント・アソシエイト、アソシエイト、パート・タイム・アソシエイトなどの階層に分かれている（さらにその下に後述の日雇い弁護士がいる）。

大事務所における弁護士の階層化はエクイティ・パートナーと他の弁護士との間の収入格差だけでなく、一部論者が弁護士の「プロレタリア化」

---

6) Hadfield, Gillian K.: The Price of Law: How the Market for Lawyers Distorts the Justice System, 98 Michigan Law Review 953 (2000), p.961
7) Barton, Benjamin H.: Glass Half Full. The Decline and Rebirth of the Legal Profession (2015), p.41
8) 同. p.41

と呼ぶ現象を生み出している[9]。即ち、弁護士はもともと、独立した個性的サービスを提供し自分が報酬決定に関与するプライド高い職業であったが、現在の大事務所の勤務弁護士は官僚的大組織の一つの歯車として、処理する案件の全体像が見えないまま「細切れの」（unbundled）「既製商品的な」（commoditized）仕事を処理しているのである。論者はこのような状況は弁護士をおとしめ、意識の「プロレタリア化」を生んでいると指摘している[10]。

これに加え、最近「テンポラリー・ローヤー（temporary lawyer）」と呼ばれる弁護士の急増という現象がある。彼らは自分の事務所も雇用主もなく、多くは弁護士派遣会社（agent）に登録しておき、大事務所や企業が大規模訴訟や企画買収などの案件で、主として文書精査を行なう弁護士を臨時に必要とするようになった場合に派遣される弁護士たちで、「日雇い弁護士」と呼ぶべき弁護士たちである。

テンポラリー・ローヤーは、派遣会社から勤務先の法律事務所に派遣され、一般的に1時間20ドル（2,200円）から35ドル（3,850円）くらいの低報酬で働いているが、彼らの多くは、弁護士のスキルを必要としない、自分は単なる歯車にすぎない仕事をさせられている、みじめ（miserable）で搾取されている、などと感じている[11]。このようにテンポラリー・ローヤーは弁護士の中の「最下層階級」を形成しているのである。

4　利益至上主義の蔓延

「ウォール街の弁護士」を典型とするアメリカの企業弁護士は昔から裕福な生活が保障される収入を得ていたが、それでも彼らの人生の目標は、金銭だけにあるのではなく、依頼者に質の高いサービスを提供し、依頼者

---

9) Brooks, Robert A.: Cheaper by the Hour: Temporary Lawyers and the Deprofessionalization of the Law (2012) pp.18-20
10) 同. pp.18-20
11) 同. pp.133-139

（及び社会一般）から尊敬と賞讃を受けることにあった。ところが今日では、彼らの最大の目標は自らの私欲を満たす極端な利益至上主義と化した[12]。その原因は弁護士業務がもはやプロフェッションではなく、他の産業と同じビジネスになったことや、医師、ジャーナリズム等も含め、社会全体が利益追求一辺倒になった時代風潮にもあるが、論者によれば、大事務所が利益至上主義に陥ったより直接的な原因は「American Lawyer」という弁護士用「業界誌」が個々の大事務所の「マネーランキング」を発表するようになったことにある[13]。従来弁護士は自らの財務状態を公にすることは「はしたない」こととしてためらいを感じていたが、American Lawyerはそのような文化を一変させたのである。American Lawyerは1979年に発刊され、現在では、全米の100位までの大事務所の売上やパートナー1人あたりの収入等のリストを公表している。これは「Am Law 100」と呼ばれる。そして、一般の上場企業が売上、利益、時価総額などの優劣を競うのと同じように、大事務所はAm Law 100の売上、利益の順位を上げることを事務所の目標とするようになり、各事務所の経営責任者（マネージング・パートナー）はAm Law 100の順位競争に狂奔するようになったのである（順位を上げるため、売上や利益に関する虚偽データを報告する事務所も現れたといわれている[14]。）。

　このような大事務所の利益至上主義と「金儲け競争」はエクイティ・パートナーたちを大金持ちにはしたが、種々の弊害を生み出している。第1は倫理の荒廃で、その最たるものは請求可能時間の水増しである。このことは、ジョン・グリシャムの小説「ザ・ファーム」[15]の中に克明に描かれているが、現実の世界でも蔓延しているといわれている[16]。

---

12) Harper, Steven J: The Lawyer Bubble: A Profession in Crisis（2013）, Introduction: IX
13) 同. pp.71-73
14) 同. p.74
15) Grisham, John: The Firm（1991）
16) Bogus, supra, p.922

第2は、事務所の一体感の喪失と不安定化である。今や大事務所には弁護士間に極端な収入の格差・不平等が存在している。特に、多くの大事務所が、伝統的な、年功により平均的に収入を分配する lockstep という利益配分方法から、稼いだ弁護士に多く配分する「eat what you kill」と呼ばれる方法に改めたため、エクイティ・パートナー間でも大きな収入格差が生じている。また、最近、腕利きとして名高い弁護士を高い報酬で引き抜く慣行（これを「横すべり雇用（lateral hiring）」という）が流行するようになった結果、ある日突然他の事務所の弁護士が事務所に加わったり、また、いつ事務所の腕利き弁護士が他の事務所に移籍するかも分からないという状況が生まれている。そのため、かつてのような弁護士間の同僚意識（collegiality）は薄れ、これが事務所の不安定化を招いているのである。そして、このような状況は、2012年に倒産した Dewey & LeBoeuf 事務所の場合のように、時に事務所の分裂や倒産といった事態を引き起こしている。

5　社会全体に奉仕できていないこと——極端な企業法務偏重

　弁護士は法律業務の独占権や自治権を与えられていることの見返りに、すべての市民の法的需要に応じることにより民主主義社会を支える中核的役割を担っている。ところが、現在アメリカの弁護士は社会全体に奉仕できていないという意味において、「瀕死の状態にある」といわれている[17]。それは弁護士費用があまりにも高価であるため、一般市民は弁護士のサービスを利用できず、弁護士業務はますます企業法務に極端に偏った片肺飛行の状態にあるからである。前述のように、現在アメリカの弁護士数は120万人に達し、「弁護士バブル」といわれているのにもかかわらず、多くの市民は弁護士サービスに手が届いていない。まさに、「金のある人には極端な弁護士過剰、金のない人には極端な弁護士不足」の状況なのであ

---

17) 同. p.946

る[18]。デボラ・ロードは、貧困層の民事法的需要の80％、中所得者層のそれの40-60％は満たされていないと推定している[19]。また、1994年のABA調査によれば、何らかの法的問題を抱えている中所得者層の61％が全く裁判システムと関わりを持っていなかった[20]。さらに52％の家族が弁護士なしで離婚問題を解決し、裁判所に係属した離婚事件の88％では少なくとも一方の当事者が弁護士を付していなかった[21]。貧困者のための法律扶助、プロボノ、公的リーガル・サービスは弁護士サービス中の僅かな部分を占めるにすぎない。法律扶助やパブリック・ディフェンダーの業務を行なっている弁護士は全弁護士の1％であった[22]。また、レベッカ・サンデファーによれば、プロボノによって提供されている法的サービスの価値は年間2億500万ドル程度であり、またプロボノサービスを提供している弁護士の数はフルタイム弁護士の数に換算すると全弁護士人口の0.3％にすぎない[23]。

かくして、今やアメリカにおける弁護士サービスは大きく企業向けサービスに偏っている。ヘインズとローマンによるシカゴ弁護士の実態調査によると、1975年から1995年までの間に個人向けサービスを行なっている弁護士は全弁護士の40％から29％に減少したのに対し企業向け弁護士は53％から64％に増加した[24]。この傾向は21世紀になって一層強まっていると考えられる。このように、現在、アメリカの弁護士は、企業のための存在の観を強くしており、社会全体に奉仕すべきプロフェッションのあるべき姿から大きくかけ離れてきている。

このような状況を反映して、アメリカの一般市民は弁護士があまり社会

---

18) Barton, supra, p.195
19) Granfield, Robert & Mather, Lynn Ed.: Private Lawyers and the Public Interest (2009), p.254
20) Hadfield, supra, p.960
21) 同. p.960
22) 同. p.960
23) Granfield & Mather, supra, p.97 注2
24) Morgan, supra, p.111

に貢献しているとは考えていない。2013年の調査によれば、弁護士が社会に多く貢献していると考えている市民は18%にすぎず、弁護士の誠実さや倫理遵守に対する社会的信頼は1985年の27%から1994年には17%に低下した[25]。おそらくこのような傾向は近年一層強まっているものと推定される。

6　不満・不安・不幸を感じている弁護士の増加

　今まで述べてきたような状況の中で、自らの仕事、キャリアに満足できず、不安や不幸に感じている弁護士が増加している。1992年のカリフォルニア弁護士会の調査によれば、対象弁護士の70%が他の職業に就きたいと答え、75%が自分の子供は弁護士にさせたくないと答えた[26]。この傾向は2009年のABAの調査によっても裏付けられている。調査の対象となった弁護士のうち自分のキャリアに満足していると答えた者は50%を少し上回っただけであり[27]、若者にロースクールに行くよう勧めると答えた者は50%に満たなかった[28]。精神的障害をもつ弁護士も多い。ジョン・ホプキンス大学の調査によれば、全弁護士の20%がうつ病にかかった経験があり、これは他の職業の3.5倍の高さであった[29]。金銭的に成功した大事務所のパートナー弁護士でも「燃えつき症候群」や、ストレス、うつ病に悩んでいる者が多い[30]。また、ある調査によれば、弁護士の死亡原因中、自殺は3番目に多く、アメリカ弁護士の自殺率はアメリカ、カナダの

---

25) Bogus, supra, p.912; http://www.abajournal.com/news/article/how_much_do_lawyers_contribute_to_society_less_than_nine_other_professions_/

26) Glendon, Mary Ann: A Nation Under Lawyers: How the Crisis in the Legal Profession Is Transforming American Society (1994), p.85

27) Harper, supra, p.62

28) 同. p.63; http://www.abajournal.com/news/article/demanding_work_schedules_are_damaging

29) Harper, supra, p.61

30) 同. p.61 Morgan, supra, p.127, Barton, supra, pp.215-218

全人口のそれの 6 倍となっている[31]。

　特に注目すべきことは、キャリアに満足していない弁護士は大事務所の弁護士に最も多く見られることである。前記 ABA 調査によれば、弁護士のうち、法律扶助、パブリック・ディフェンダー、政府機関、公益的 NGO など、公共的仕事に従事している弁護士が最も高い満足度を感じており（68％）、次いで中規模事務所（21-100 人）（58％）、小規模事務所（2-20 人）（57％）、1 人事務所（53％）、イン・ハウス（49％）の弁護士であり、大規模事務所（100 人超）の弁護士の満足度は最低であった（44％）[32]。そして、大規模事務所の中でも規模が大きければ大きいほど満足度は低くなるといわれている[33]。これは、弁護士のキャリア満足度の源泉は金を稼ぐことではなく、仕事の自律性、他者と関係を持てること、やりたいことを選べること（やりがい）、自分の能力への自信などにあることを示している[34]。

7　弁護士過剰

　「弁護士大国」であるアメリカも近年弁護士過剰に陥っている。1970 年に 27 万人であった弁護士人口は 2012 年には 120 万人を超えるに至った。弁護士人口はすでに 1980 年に 52 万人、1988 年には 75 万人と 20 年間で 3 倍に急増していた[35]。しかし、この時期には、アメリカ経済の成長や法制度の複雑化等による弁護士需要が人口増加を吸収できていた。しかし、その後も弁護士数は増加の一途をたどったのに対し、需要の伸びはこれに

---

31) http://www.abajournal.com/news/article/you_are_not_alone_law_prof_who_considered_suicide_tells_his_story
32) Harper, supra, p.58
33) 同．p.59
34) http://www.abajournal.com/news/article/disappointed_with_earnings_after_law_school_youare_in_good_company_lawyer_ha
35) 吉川精一「アメリカにおける弁護士業務の『産業化』とその日本への影響」本書 Ⅱ部 7 章 112 頁。

追いつけず、次第に弁護士過剰の状況が出来上がっていったのである。

　その影響を真っ先に受けたのは個人や中小企業を顧客とする町弁護士であり、過当競争から彼らの収入は減少していった。一方、大企業を顧客とする大事務所は堅調な需要に支えられてますます巨大化していったが、2008年のリーマン・ショックに始まる不況の結果、弁護士の大量解雇や新規採用の縮小を余儀なくされるようになった（2009年から2010年には規模が上位250までの大事務所は9,500人を解雇し、また新規採用は2007年の6,100人から2011年の3,500人と縮小した[36]）。

　このような弁護士過剰に拍車をかけているのは、近時弁護士を不要化するいくつかの構造的な要因（情報革命、経済のグローバル化、非弁護士による弁護士業務への参入、法制度改革、司法予算カットなど）である。

　特に、情報革命は19世紀の産業革命が機械化により労働者の職を奪っていったのと同じように、弁護士の仕事を既製商品化することにより、弁護士のサービスを不要化しつつある。例えば、LegalZoomと呼ばれるオンラインシステムは、遺言、会社設立、商標出願、税務申告といった分野でインターアクティブに利用できる書式を安価で販売することにより、弁護士を完全に又は部分的に不要なものとしている。またeBayというサイトはオンラインで紛争解決の仲介をしており、年間6,000万件の紛争を扱いその90％を和解により解決した[37]。さらに、同じ会社が経営するModriaは、紛争をコンピューターにより「情報収集モード」、「争点整理モード」に分けることで多くを解決し、それでも解決できない案件だけを中立的第三者の調停に委ねて解決している。このソフトは電子商取引や、離婚案件に使われているという[38]。

　このような弁護士過剰のため、労働統計局の資料によれば、現在50万人の弁護士が弁護士資格を必要とする職に就いていない[39]。特にロースク

---

36) Barton, supra, p.50
37) 同. p.100
38) 同. pp.100-101
39) 同. p.124

ールの新卒者は深刻な就職難に陥っており、2011年に弁護士資格を取得した新人の55％は弁護士資格を必要とする仕事に就職できていない[40]。しかも、ロースクール卒業生の85％は平均で10万ドルの借金を抱え、困窮状態にあるという[41]。そのためロースクールの志願者も2004年に10万人だったものが2013年には54,000人に、さらに2014年には38,000人と激減し、今度はロースクールが危機に陥るという結果を招いているのである[42]。

8　おわりに

　上述のようにアメリカ弁護士の「危機」は多岐にわたるが、私はその根本的ルーツは彼らがプロフェッションの精神から離れ、利益至上主義に走ったことにあると考える。それでは、このような危機が我が国でも起るであろうか。私は同様のことが少なくともアメリカのような程度に発生するとは思わない。それは彼我の弁護士の発展の歴史、とりわけ弁護士と大企業との関わりに大きな差が存在すること[43]や、グローバル化した世界において、日本語による世界市場への業務展開が困難であることなどから、日本弁護士が企業法務一辺倒、利益至上主義に陥る可能性はずっと限定的とみられるからである（日本の弁護士階層発展の「後進性」が上述の「危機」を回避させる要因となるように見えることは歴史の皮肉である。）。また、リューシュマイヤーがドイツとアメリカの弁護士との比較で述べているのと同じように[44]、日本の弁護士の方がアメリカの弁護士より出自、学歴等におい

---

40) 同. p.50
41) Harper, supra, p.4
42) http://www.nytimes.com/2014/04/05/business/bold-to-combat-a-crisis-in-legal-education.html?_r=1, http://www.abajournal.com/news/article/law_school_applications_down_8_percent_n...2014/07/28
43) 古賀正義著、日弁連法務研究財団編『日本弁護士史の基本的諸問題──日本資本主義の発展過程と弁護士階層』（新版、日本評論社、2013年）。
44) Rueschemeyer, Dietrich: Lawyers and Their Society (1973), pp.48-59

てはるかに同質的であり、階層化していないことも指摘できよう。しかし、それでもなお、情報革命やグローバル化等の激動する業務環境の変化や、現在生じている世界的な弁護士の非プロフェッション化の中で、日本の弁護士業務にも今後種々の変化が現れてくることが予想されるのであり、我々が弁護士の社会的責任を全うし、市民の期待に応えるためにはアメリカ弁護士の「危機」を教訓とすべきものと思われる。

参照文献（引用した文献以外のもの）

Abel, Richard L.: American Lawyers (1989); Moliterno, James E.: The American Legal Profession in Crisis: Resistance and Response to Change (2013); Reagan, Jr., Milton C.: Eat What You Kill: The Fall of a Wall Street Lawyer; Seron, Carroll: The Business of Practicing Law: The Work Lives of Solo and Small-Firm Attorneys (1996); Susskind, Richard: The End of Lawyers?: Rethinking the Nature of Legal Services (2008)

第Ⅲ部

近時における英国弁護士の変容

第9章

英国における弁護士の二極化と弁護士自治の弱体化

1　はじめに

　英国（イングランド及びウェールズ）では2004年のクレメンティ報告書を受けて成立した2007年法律サービス法により、弁護士の最終的規律権限は新設の「リーガル・サービシーズ・ボード」（LSB）が持つことになり、弁護士自治が廃止された。これは、英国の弁護士制度に特有な種々の状況を反映した結果であるが、その一つの背景として英国弁護士、なかんずくソリシターの二極化現象とそれによるロー・ソサエティの弱体化が挙げられる。本稿ではこの二極化現象を素描し、我が国の弁護士自治を考えるよすがとしたい。

2　ソリシターの二極化現象

　英国ソリシターの二極化現象とは、主として個人を顧客とし、コンベイヤンシング（不動産譲渡手続き）、家事、刑事、遺言、人身事故などの伝統的業務を扱う「ハイ・ストリート・ソリシター」（便宜上「町弁護士」と呼ぶ）と、主として大企業を顧客とし、金融、会社買収、国際的紛争処理その他企業法務等を扱い、その多くはグローバルに展開する「シティー・ファーム」（「企業弁護士」と呼ぶ）との間に生じた二極化現象を指す。このような二極化は多かれ少なかれ世界各国で生まれているが、英国ではこれが特に先鋭化した形で現れている。2006年時点で81人以上のパートナーを擁する大事務所（全事務所数の0.3％に相当）に全ソリシターの22.3％が所属していた一方、全事務所数の46.3％を占める一人事務所に所属するソリシ

ターは全ソリシターの 8.2％にすぎなかった[1]。また、1991〜1992 年の時点で、全事務所の 1％にあたる大事務所だけで全ソリシターの売上の 41％を稼いだのに対し、全事務所の 80％にあたる中小事務所は売上の 25％を稼いだにすぎず、また 1995 年一人事務所の 7％は赤字経営であった[2]。この格差はその後さらに拡大し、2004 年には規模が 100 位までの大事務所が 35％のソリシターを雇用し、全ソリシターの売上の 50％を稼得した[3]。このような二極化現象が生じた大きな原因はサッチャー政権による金融ビッグバンを始めとする規制緩和、グローバル化を背景として一部事務所が他の事務所の合併・買収、その他「企業家的手法」により急速に巨大化、国際化したのに対し、他の事務所が伝統的業務を継続してきたためである。そして、1985 年にソリシターの収入の半分を占めてきた[4]コンベイヤンシング業務のソリシター独占が廃止されたことや、相次ぐ法律扶助制度の「合理化」（受給資格の制限、民事法律扶助のオープン・エンド予算の廃止、定額報酬の導入、フランチャイズ制の導入等）は町弁護士の収入源を直撃した結果、町弁護士の窮乏化を進め、町弁護士と企業弁護士との格差を一層拡大した。

3　二極化による弁護士自治の弱体化

このような二極化の結果、ソリシターの同質性は失われ、もはやソリシターは一つの職業ではなく、二つの別の職業であるとまでいわれている[5]。

---

[1] Key Statistics Solicitor's Profession as of July, 2006.
[2] Gerard Hanlon and Joanna Shapland "Professional Disintegration? The Case of Law" in Jane Broadbent et al "The End of The Professions? The Restructuring of Professional Work"（Routledge, 1997）p.107.
[3] Daniel Muzio "The Professional Project and the Contemporary Re-organization of the Legal Profession in England and Wales", International Journal of the Legal Profession. Vol.11. No.182（2004）p.44.
[4] Richard Abel "The Legal Profession in England and Wales"（Basil Blackwell, 1988）pp.226-227.

町弁護士と企業弁護士では事務所規模、収入、顧客層、業務分野等が異なるだけでなく、経済的利害も職業的関心も弁護士会たるロー・ソサエティに対する期待も全く異なる。町弁護士はソリシターの伝統的権益を守ることに何よりも関心を持つ。これに対し、企業弁護士の関心は規制緩和や国際競争力の維持・増進にあり、むしろロー・ソサエティの介入を嫌う。大事務所に所属するソリシターはロー・ソサエティに無関心であり、ロー・ソサエティを脱退したり、これに加入しないものも増加している[6]。そして、町弁護士の顧客の中心は個人や零細企業など社会経済的弱者であるため、顧客とのトラブルや、綱紀問題などソリシターの「規律」にはロー・ソサエティの介入が必須であるが、企業弁護士の顧客は弁護士との力関係が対等以上の巨大企業であるため、トラブルの多くはロー・ソサエティの介入を必要とせず「市場原理」によって解決される。そのため、企業弁護士はロー・ソサエティを必要な存在と考えなくなってきている。それどころか、ソリシターの不祥事、顧客とのトラブルの圧倒的部分は町弁護士が引き起こしているのに、これらに備えるためのソリシター補償基金（Solicitors Indemnity Fund）などのコストは企業弁護士も負担させられていることで、ロー・ソサエティに対する否定的態度が蔓延している[7]。企業弁護士と町

---

5) 例えば Mary Seneviratne "The Legal Profession: Regulation and Consumer"（Sweet & Maxwell, 1999）p.214. は、町弁護士と企業弁護士の二極化は両者の規律を別個の機関に相当させる段階にまで進んでいるとしている。即ち、ソリシターの規律を担当しているソリシター規律局（Solicitors Regulation Authority, SRA）がSRA内部に企業弁護士規律グループ（Corporate Regulation Group）なる新組織を設け、この組織が一般弁護士とは別個に、大事務所の規律を担当するような制度が検討されている。Law Society Gazette 26 March 2009.

6) Michael Burrage "Revolution and the Making of the Contemporary Legal Profession-England, France and the United States"（Oxford, 2006）p.575 at Note 597.

7) ある調査によれば、企業弁護士はロー・ソサエティを「無意味で、官僚的で、でしゃばりで、旧態依然で、小規模事務所のことばかり考え、あまりにもけんか好きである」（irrelevant, bureaucratic, intrusive, archaic, focused on small firms, and far too contentious）と考えている。Richard Abel "English Lawyers between Market and State"（Oxford, 2003）p.440.

弁護士の対立はロー・ソサエティの会長選挙にも現れ、1990年代には両者が推す候補が互いに口汚い個人攻撃を繰り返し[8]、会員が選挙にそっぽを向く状態を生み出した。2000年の会長選挙の投票率は何と18.6％にすぎなかった[9]。

　このようなソリシター内部の二極分裂は、1980年代以降の弁護士制度改革への対応に影響した。これら制度改革、特に法律扶助、コンベイヤンシング独占の廃止、顧客の苦情処理制度改革などの影響をもろに受けたのは町弁護士であった。したがって、町弁護士はこれら「改革」に強硬に反対した（何度もストライキを行なったりした）。これに対し企業弁護士は、傍観者的態度をとり、むしろ強硬な反対によるソリシターのイメージ低下を懸念した。政府側はこの二極分裂を巧みに利用して、ほとんど計画どおり改革の実施に成功した。そして、弁護士自治の廃止を提案したクレメンティ報告書が出た頃には、ロー・ソサエティはこれに反対するような状況にはなかった。特に、第三者機関による苦情処理に対しては、企業弁護士は「お荷物」を放り出せるとして歓迎さえしたのである[10]。このような状況の下で、英国の弁護士が弁護士自治を喪失したのは半ば必然であったといえる。

4　我が国で同様な事態は起こるか？

　我が国においても一部の「渉外事務所」が数百人の弁護士を擁する規模となっており、また外国弁護士事務所の「日本支店」にも相当数の弁護士が所属するようになっていることから、弁護士の二極化とこれに伴う弁護士自治の弱体化が起こるのではないかとの疑問が生ずる。確かに、これら事務所の業務内容、顧客層、収入等は伝統的業務を行なう弁護士のそれと

　8）この顛末は Abel, "English Lawyers between Market and State", Chapter 10 に活写されている。
　9）ID p.454.
　10）Barrage, supra, pp.574–575.

は相当程度異なってきており、それに伴い弁護士の職業観や人生観にも一定の差異が生じていることは想像に難くなく、今後その傾向はさらに大きくなっていくことが予想される。（英国においては巨大事務所におけるパートナーと雇用された弁護士の二極化が進み、後者の職業観は独立・自営を前提とする弁護士の職業観とは相当異質なものとなっていることが指摘されており[11]、我が国においても今後このような現象が生ずる可能性がある。）

　しかしながら、私は少なくとも近い将来において、日本の弁護士自治が英国のように弱体化することはないと考える。これには二つの理由を挙げることができる。第1は、日本の弁護士の二極化は限定的であり、英国のように極端な形では現出していないと考えられることである。（日本の大手渉外事務所も広く海外に拠点を持ってグローバルに展開しているわけではなく、その意味でローカルプレイヤーにすぎず、また相当数の中規模事務所が大手事務所と同様の業務を行なっている。）第2に、我が国においては、弁護士会、特に日弁連が弁護士の市民サービスや公共的活動の拠点として強力な存在であることである。ある論者によれば、弁護士内部の階層化が進んでも、よく組織された強力な全国的団体を持てば、弁護士の同質性は維持できるという[12]。この点において、日弁連が弁護士過疎解消や当番弁護士など重要な公共活動に積極的に取り組んできたことは特筆に値する[13]。この意味において、今後日弁連の活動のためのコスト負担などの問題が従来より大きくなるかもしれないが、日弁連が今までのように「市民のための弁護士」を統括する強固な存在であり続けることが望まれる。

---

11) Muzio, supra at Note 3, pp.46-47. Andrew M. Francis, "Legal Ethics, Marketplace and the Fragmentation of Legal Professionalism", International Journal of the Legal Profession, Vol.12, No.2. p.181.

12) A. Abbott, "The System of the Professions: An Essay on the Division of Expert Labor", quoted in Francis, supra at Note 11, p.174 at Note 16.

13) この点、ロー・ソサエティは、ソリシターの既得権益を維持するための活動（弁護士の「利益代表機能」と呼ばれる）に没頭し、市民サービス、公共活動等が手薄であった。これが近時の弁護士制度改革の中でメディアに徹底的に批判され、結局改革反対運動は失敗に帰したのである。

第10章
1980年代以降における英国弁護士制度の急激な変容とその背景

1　はじめに

　長い間英国（イングランドとウェールズを指す）の弁護士制度は古い伝統を守って来た。13世紀エドワード一世の頃出現したプリーダーに起源を持つバリスターと、同時代に出現したアトーニーに起源を持つソリシター[1]はユニークな二元制度を形成し、改革派論者に「制限的慣行」と批判された多くの「弁護士倫理」が弁護士制度の骨格をなしてきた。このように古い伝統を持つ英国の弁護士制度が過去20年程度の間に革命的な変容を遂げ、今ではある面で世界で最も「先進的」な制度になろうとしている。間もなく銀行や保険会社が弁護士業務に参入し、また投資家が弁護士事務所の株式を持つ時代が始まるであろう。

　本稿では近時における英国弁護士制度の変容を素描し、その背景を探ることとする。なお文中で使用する法令名、役職名等は筆者の訳であって定訳ではないことを予めお断りしておく。また、英国では法律サービスを提供する者はリーガル・エグゼキュティブやライセンスト・コンベイヤンサーなどソリシター及びバリスター以外にも存在する。以後の叙述においては、便宜上これらすべてを含めて「法律職」と称し、ソリシター及びバリスターのみを指す場合には「弁護士」と称することとする。

---

[1] 拙稿「英国の弁護士制度」第二東京弁護士会編『諸外国の弁護士制度』（日本評論社、1976年）5-7頁。

2 弁護士制度に関する主要立法成立の経緯と概要

(1) 1985年裁判法

　後述するように、1980年頃までに英国の弁護士制度は大きな批判の対象となり、また1979年に市場重視、規制緩和を標榜するサッチャー政権が誕生したことで弁護士制度の改革への圧力が強まっていた。このような状況の中で制度改革の発端となったのは、意外にも野党労働党の一議員による立法案の提出というハプニングであった。この議員はソリシターによるコンベイヤンシング（不動産譲渡手続）業務独占を廃止する立法を提案したのである。サッチャー政権は当初この案に消極的であったが、世論に押される形で同様の案を政府案として提出しこれが1985年裁判法（Administration of Justice Act）として成立したのである。この立法により、新たにライセンスト・コンベイヤンサーという資格が創設されソリシターでなくてもコンベイヤンシング業務をすることが可能になった。コンベイヤンシング業務は伝統的にソリシターの「飯の種」であった（当時ソリシターの全収入の50％を占めていた[2]）からこの立法はソリシターにとって極めて衝撃的なものであった。

(2) 1989年グリーンペーパー

　そして、1989年にサッチャー政権の三代目の大法官マッケイ卿が発表したグリーンペーパーは上記裁判法とは比較にならない威力を持つ「爆弾」であった。このグリーンペーパーは、①上位裁判所[3]におけるバリスターの弁論権独占の廃止、②バリスターに限定されていた上位裁判所裁判官任用資格のソリシターへの開放、③コンベイヤンシング業務のさらなる規制緩和、④バリスターがソリシターを介さずに直接受任することの解禁、⑤

---

[2] Michael Zander, The Thatcher Government's Onslaught on the Lawyer, Who Won? The International Lawyer Vol.24, No.3, p.755

[3] House of Lords, Judicial Committee of The Privy Council, Court of Appeal, High Court 及び Crown Court を指す。

バリスター以外の者への勅選弁護士資格の解放、⑥異業種間パートナーシップ（Multi Disciplinary Partnership, 以下「MDP」という）の解禁、⑦ソリシター及びバリスターに対する苦情処理機関としてリーガル・サービシーズ・オンブズマンの設置、⑧法学教育及び職業倫理に関する大法官諮問委員会（Lord Chancellor's Advisory Committee on Legal Education and Conduct, 以下「ACLEC」という）の設置、等極めて広範な項目をカバーし、しかもその内容は極めて急進的であった。特に、最後の ACLEC は、形の上では「諮問委員会」にすぎなかったが、実際には「国家法的サービス委員会」ともいうべきもので、法的サービス伝達システムの策定の鍵を握る機関であると考えられた[4]。

このグリーンペーパーは轟々たる反響を巻き起こした。マイケル・ザンダー教授によれば、「英国弁護士の長い歴史上一つの出来事でこれほど苛烈で広範な拒否反応を引き起こした出来事はなかった」という[5]。特にバリスター及び裁判官からの反対は強烈で、裁判所を代表する4人の裁判官[6]がグリーンペーパーを批判する共同意見書を発表した。当時の首席裁判官レーン卿は、このグリーンペーパーを「政府が発出した文書の中で史上もっとも邪悪な（sinister）ものの一つ」と評した[7]。（これに対しソリシターの団体であるローソサイエティは、当初上位裁判所での弁論権が認められたことを歓迎したが、金融機関にコンベイヤンシング参入を認めることへの反対が強くなり論調を変えていった。また、マス・メディアは一般にグリーンペーパーを大歓迎した。）1989年4月7日に上院で行なわれたグリーンペーパーの審議は延々13時間に及んだが、討論した51人の議員中賛成の議員は5人にすぎなかった[8]。

4）R. White, A Guide to the Courts and Legal Services Act 1990, p.45
5）Zander supra p.763
6）首席裁判官（Lord Chief Justice）、記録長官（Master of the Rolls）、家事部長官（President of the Family Division）及び副大法官（Vice Chancellor）を云う。
7）Zander supra p.766
8）Zander supra p.769

(3) 1990年裁判所及び法的サービス法

　このようなグリーンペーパーに対する反対の中で、政府はグリーンペーパーの内容を相当程度後退させたホワイトペーパー[9]を発表しこれに基づいて法案を作成した。この法案は議会を通過し「1990年裁判所及び法的サービス法（The Courts and Legal Services Act 1990, 以下「CLSA」という）として成立した。グリーンペーパーより内容が後退したとはいえ、CLSAは「1949年法律扶助及び助言法による近代的法律扶助制度創設以後における法的サービスに関する最重要立法」[10]たる地位を失うものではなかった。

　CLSAの特徴は次の点にある。第1に、グリーンペーパーで提案されていたように、英国弁護士の長い歴史の中で維持されて来た弁護士の重要な特権を、法的には[11]廃止し、他の者に門戸を開いたことである。即ち上位裁判所におけるバリスターの弁論権独占及びソリシターの訴訟遂行権独占が廃止され、コンベイヤンシング業務が金融機関等法人に解放され（ただし一定の条件付）、ソリシター、公証人らの遺言検認業務の独占が廃止された。第2に、ACLECの導入である。ACLECは裁判官が委員長でソリシター及びバリスターの代表が2名ずつ委員になっていたとはいうものの17人の委員の過半数（9人）は非法律職で構成され、弁護士の弁論権及び訴訟遂行権等に関する業務規定の変更についてバーカウンシル（バリスターの団体）及びローソサイエティ（ソリシターの団体）に助言する権限をもつこととされた[12]。このように非法律家が過半数を占める機関が弁護士の弁論権等に容喙することは弁護士及び司法の独立を冒すものとして、バリ

---

9) 例えば、①弁論権の拡大には後述の4人の「指定裁判官」全員の同意が必要となり、②金融機関等の法人がコンベイヤンシング業務を行なう場合には依頼者にソリシターとの面会の機会を与えなければならず、また、売主と買主の双方を代理することが禁止され、③ACLECは純然たる諮問機関とされた。Richard Abel, English Lawyers between Market and State（Oxford University Press, 2003), p.62

10) White supra p.1

11)「法的には」というのは、後述のとおり実際には必ずしも特権廃止の実が上らなかったことを指す。

12) CLSA §19, Schedule 2, §5

スターや裁判官が強く抵抗し、その結果、従来弁論権や訴訟遂行権を持たなかった者にこれを賦与することについては4人の「指定裁判官」が拒否権を持つこととされたのである[13)14)]。第3に、法律サービスの消費者たる市民の法律職に対する苦情処理のための機関として従来の「レイ・オブ・ザーバー」に代え、「リーガル・サービシーズ・オンブズマン」を創設したことである。このオンブズマンは法律職団体によるそのメンバーに対する苦情処理の状況を調査し、苦情処理に問題があると思料するときは当該団体に対し調査のやり直し等を勧告する権限を与えられた[15)]。第4に、弁護士の業務に関する従来の制約のいくつかが除去された。即ち、従来勝訴を条件とする報酬は禁止されていたが、一定の限度での「コンディショナル・フィー」[16)]が解禁された。また、バリスターがパートナーシップを組むこと及びソリシターがソリシターでない者との異業種間パートナーシップを組むことが禁止されないことが明らかにされた[17)]。(ただ、バーカウンシルやローソサイエティが業務規定によりこれを禁止することはできるとされた[18)]から、実際上は上記禁止は継続された。)第5に、バリスターは契約することができない(従ってバリスターには契約上の報酬請求権がない)とのコモンロー上の原則が廃止された[19)]。第6に、上位裁判所におけるバリスターの弁論権独占の廃止を受けて、バリスターでない者が上位裁判所の裁判

---

13) Zander supra p.769; Mary Seneviratne, The Legal Profession: Regulation and the Consumer (Sweet & Maxwell, 1999), p.90
14) CLSA, Schedule 4, §11「指定裁判官」とは首席裁判官 (Lord Chief Justice)、記録長官 (Master of the Rolls)、家事部長官 (President of the Family Division) 及び副大法官 (Vice Chancellor) をいう (CLSA §119)。
15) CLSA §23
16) CLSA §58「コンディショナル・フィー」とは勝訴の場合に、通常報酬に加えて一定額の追加報酬 (uplift) を払う報酬制度をいい、勝訴した額に応じて定められる「コンティンジェンシー・フィー」とは区別される。
17) CLSA §66 (1)(5)
18) CLSA §66 (2)(6)
19) バリスターに報酬請求権がないとされていたことにつき吉川前掲59-60頁参照。CLSA §61

(4) 1999年司法アクセス法

　CLSAから9年目で弁護士制度に大きな影響を与える次の立法が成立した。1999年司法アクセス法（Access to Justice Act 1999, AJA）である。この法律は法律扶助制度改革を主眼としたものである。周知のように英国は世界で最も法律扶助制度が充実した国であるが、扶助制度コストの激増のためサッチャー政権時代から種々の合理化がなされていた。保守党政権を継いだ労働党のブレア首相は、野党時代には法律扶助制度合理化に反対していたにもかかわらず、一度政権をとるや、サッチャー政権時代を凌ぐ法律扶助制度の大改革を断行したのである。改革の内容については後述する。また司法アクセス法には法律扶助制度以外に、コンディショナル・フィーの一層の自由化[21]ACLECの廃止とこれに代るリーガル・サービシーズ・コンサルタティブ・パネルの新設[22]、雇用されたバリスター及びソリシターへの弁論権の賦与[23]、リーガル・サービシーズ・オンブズマンの権限強化[24]などが盛り込まれた。

(5) クレメンティ報告書

　1999年司法アクセス法からわずか5年後、またもや弁護士制度の大改革が提案された。提案したのは2004年に発表されたクレメンティ報告書

---

20) CLSA §71 ただし、弁論権の問題と同じように、現実にバリスター以外の者が上位裁判所の裁判官になった例はいまだに少ないようである。裁判官の任命については、いまだにソリシターに対する偏見が残っているとの指摘がある。Law Society Gazette 2009.6.4
21) AJA §27
22) AJA §35 これはACLECのメンバーに法律職利益グループの代表が選ばれたためその機能が充分発揮されなかったためであるとされた。Michael Zander, Cases and Materials on the English Legal System, Tenth Edition（Cambridge University Press, 2007）p.796
23) AJA §37
24) Id §49

である。クレメンティ報告書は、法律職の「前線職業団体」（Frontline Professional Bodies）の統治体制が適切に機能していないこと、監督機関が多元的で複雑すぎること[25]、法律職に対する消費者の苦情を処理するシステムが消費者の信頼を得られていないこと、及び弁護士の業務に制限が多すぎることなどを指摘し、次の改革案を提案した。第１は、各前線職業団体が自らの利益を代表する機能（利益代表機能）とそのメンバーを規律する機能（規律機能）を完全に分離する。そして、すべての法律職の規律機能は新たに創設される「法的サービス局」（Legal Services Board, 以下「LSB」という）が一元的に持つものとし、ただLSBは日常的な規律権限を各前線職業団体に委任する[26]。第２に、法律職に対する消費者の苦情処理はすべて、やはり新たに創設される「法的苦情処理室」（Office for Legal Complaints, 以下「OLC」という）が一元的に扱う[27]。第３に、従来許容されていなかった、バリスター間のパートナーシップ、バリスターとソリシターとの間のパートナーシップ等の禁止を解除し、法律職間の共同組織（Legal Disciplinary Practice, 以下「LDP」という）を全面的に認め、かつ非法律家がLDPの経営責任者になったりLDPを所有したりすることを認める、ただ法律職と異業種（公認会計士等）との間のMDPは、将来規律機関が適切な安全装置の下で認めることを検討すべきである[28]。このような

25) 英国では、ソリシター及びバリスターの他にリーガル・エグゼキュティブ、ライセンスト・コンベイヤンサー、パテント・エイジェントなど複数の職業が法律業務を行なっており、それぞれが異なる機関の監督を受けていた。
26) Clementi Report pp.49-50, ここで注意を要するのは、ソリシター及びバリスターの懲戒については、ソリシターについてはソリシター懲戒裁判所（Solicitors Disciplinary Tribunal, 記録長官が任命するソリシター２人、非法律職１人の３人のパネルという独立の機関）、またバリスターについては１人の裁判官、２人のバリスター、２人の非法律家で構成するフォア・インズ・オブ・コート懲戒裁判所（Disciplinary Tribunal of the Four Inns of Court）という特別の機関が担当しており、この制度についてはクレメンティ報告書は基本的に現状維持で問題ないとしていることである（Id pp.75-80）。
27) Id. pp.66-69
28) Id. pp.138-139

クレメンティ提案は一般に好意的に受け止められた[29]。また、弁護士団体も、LSB の監督が「軽いタッチ」なものとされたことに安堵し、大きな抵抗を示さなかった。ただバリスターは職業の独立の見地から LDP についての提言には反対した[30]。

(6) ホワイトペーパーと 2007 年法的サービス法

　ところが、クレメンティ報告書の提案を実施するため 2005 年 10 月憲法省[31]が発表したホワイトペーパーは大筋ではクレメンティ報告書を踏襲したものの、重要な点で報告書よりも急進的な内容を含んでいた[32]。特に前線職業団体に対する LSB の監督権限が大幅に強化され、OLC の決定に前線職業団体を拘束する力を与え、更に法律職の新しい業務組織(これは「代替的業務組織」Alternative Business Structure,(以下「ABS」という)と呼ばれている)については LDP に限らず MDP も含め LSB の定めるルールによりいかなる組織形態も可能とすることとされた。

　憲法省は翌 2006 年 5 月上記ホワイトペーパーに基づく法案を提出した。この法案は議会の合同委員会で審議され、特に弁護士の独立を維持する観点から種々の修正が提案されたが、結局法案を大きく修正するには至らず、法案は議会を通過し、2007 年 10 月 30 日「2007 年法的サービス法」(Legal

---

29) Judith L. Maute, Revolutionary Changes to the English Legal Profession or Much Ado about Nothing? The Professional Lawyer Vol.17 Issue No.4 (2006), p.12
30) Id. また、バーカウンシルは将来 MDP が認められる可能性が述べられたことに対し反対した。Id.
31) 従来、司法行政に関する事項は大法官(Lord Chancellor)の権限であり、大法官の下に大法官府(Lord Chancellor's Department)が置かれていたが、2003 年ブレア首相は大法官府を廃止し、新たに憲法問題省(Department of Constitutional Affairs)を設置した。これに伴い、大法官も、司法行政担当者としては憲法問題担当大臣(Secretary of State for Constitutional Affairs)となった。ただ、大法官は立法、司法を担当する役職も兼ねており、当面これらについては大法官の称号を兼ねることとなった。Zander, supra Note 22, p.1 Note 3. 岡久慶「短信イギリス憲法改正案：司法権の独立の強化」外国の立法 222 号 158 頁、162 頁
32) このホワイトペーパーは The Future of Legal Services: Putting Consumers First と題されている。

Services Act 2007) として法律となった。

　この法律は、主として、法律職の規律、法的苦情処理及び ABS について詳細に規定している。第1の法律職の規律については、「指定法律業務」(Reserved Legal Activities) は「有資格者」(Authorized Persons) のみが行なうことができるものとし[33]、この「有資格者」を規律する権限を持つ団体を「承認規律団体」(Approved Regulator)[34] とした。バーカウンシルもローソサイエティも承認規律団体の一つと位置付けられた[35]。その上で、2007年法は、承認規律団体の「利益代表機能」(representative function)[36] と「規律機能」(regulatory function)[37] を分離し、各承認規律団体は利益代表機能については LSB の制肘を受けることなくこれを行使することができるが、規律機能に関しては全面的に LSB の監督に服するものとされた。即ち、バーカウンシルもローソサイエティも弁護士の綱紀・懲戒などの規律権限は LSB から委任された範囲でのみ行使できることになったのである。LSB のメンバーの過半数は非法律家であり[38]、その監督権限は広範かつ

---

[33] 英国では伝統的に法律助言などの行為は誰でも行なうことができ、コンベイヤンシング、遺言検認、裁判手続等一部の法的サービスについてのみ弁護士の独占権が認められて来た。2007年法的サービス法は、このことを明文で明らかにし、弁論権の行使、訴訟遂行、指定された法律文書の作成、遺言検認、公証行為、宣誓をさせる行為のみを「指定法律業務」とし（§12(1)）、有資格者以外の者がこれを行なうことを罰することとした（§14）。

[34] これはクレメンティ報告書が「前線職業団体」(frontline professional bodies) と呼んだものである。

[35] 即ち、バーカウンシルもローソサイエティも弁護士の団体として特別の扱いを受けるのではなく、他の法律職（リーガル・エグゼキュティブ、ライセンスト・コンベイヤンサー等）の団体と全く同様に扱われることとなったのである。

[36] 利益代表機能とは各承認規律団体（例えばローソサイエティ）が、自らが規律する者（例えばソリシター）の利益を代表しこれを推進する機能をいう（§27(2)）。例えばローソサイエティがソリシターの法律扶助の報酬の値上げのための交渉を行なったりすることをいう。

[37] 規律機能とは、有資格者の資格授与、業務規則、職業倫理、懲戒、損害補償、その他利益代表機能以外のすべての機能をいう（§27(1)、21(1)）。

[38] LBS は1名の理事長（Chairman）、1名の事務総長（Chief Executive）及び7名以上10名以下のその他の理事で構成され、各理事は大法官が首席裁判官と協議して任命する（Schedule 1, §1）。

強大である[39]。かくしてバーカウンシルもローソサイエティも LSB の監督から離れて弁護士の規律機能を行使することはできなくなり、英国における弁護士自治は終焉を迎えたのである。

第2の苦情処理については、2007年法はクレメンティ報告書の勧告どおり OLC を創設し、OLC はすべての法律家に対する苦情を一元的に処理するものとしている[40]。苦情処理も規律機能に含まれるのであるが、苦情を実際的に処理するために独立した機関を創設したのである。従って OLC のメンバーは LSB が任命し、OLC は LSB に報告義務を負うなど、OLC は LSB の下部機関として位置づけられている[41]。OLC もそのメンバーの過半数は非法律家でなければならない[42]。OLC の行なう苦情処理は OLC の任命するオンブズマンにより実施される[43]。

第3に、2007年法の大きな特徴は ABS を認めたことである。ABS とは非法律家が法律職の事務所の業務運営者又は所有者の一部となり指定法律業務その他の業務を行なうものをいい、LSB が認可した許可機関から許可を受けなければならない[44]。例えば、ソリシター事務所が、許可機関たるローソサイエティの許可を得て一般投資家の資本を受け入れる場合などがこれにあたる。ABS となるためには種々の要件を満たさなければならない。まず、業務運営者の1人は必ず有資格者（法律職）でなくてはならない[45]。また ABS には必ず有資格者たる「法律業務主任」（Head of

---

39) LSB は、承認規律団体の作為または不作為が2007年法の規律の目的に反する影響を与える恐れがあると判断したときは、当該承認規律団体に対し戒告、制裁金の賦課、介入指令、承認規律団体としての承認の取消等の処分をすることができる（§35, 37, 42, 45）。また、承認規律団体は会員たる有資格者から徴収する会費を LSB が定める「許容された目的」にのみ使用することができる（§51）。
40) 各承認規律団体は苦情処理に関する規則を作成することを禁じられている（§157）。
41) §120, Schedule 15, §1
42) Schedule 15, §2 (1)
43) §115
44) §71, §72, §74
45) Schedule 11, §9 (2)

Legal Practice) と、「財務・管理主任」（Head of Finance and Administration）を置かなければならず、これら主任は「適した」（fit and proper）人物でなければならない[46]。さらに、ABS の所有者になる非法律家も「適した」人物であることが必要であり[47]、また非法律家が事務所の 10% 以上を所有する場合には特別の許可を要する[48]。そして、ABS の許可機関となろうとする機関（ローソサイエティなど）は、許可のための詳細な規則を作成して LSB の認可を得なければならないこととされている[49]。

3 主要分野における制度の変容

　これまでに、1985 年以降における主要立法を概観したが、英国の弁護士制度の変容は立法を見ただけではその一部しか分からない。ローソサイエティやバーカウンシル、さらには大法官、法律制度運営当局等の規則や実務慣行も制度に大きな変化を与えている。そこで、この項では、主要な分野毎に実際にどのように制度が変容したかを見てみることとする。

(1) 弁護士の規律機関（弁護士自治）

　変容した主要分野の中でまず取り上げるべきは弁護士の規律機関についてである。ここで「規律機関」とは弁護士の規律（自治）機能を担う機関をいい、資格授与、業務規則、職業倫理、綱紀懲戒、苦情処理等、広範な事項をカバーするものである。

(i) ソリシター

　ソリシターの規律機関の改革は主として、ソリシターの規律は政府から独立しているだけでなく、ローソサイエティ、就中その評議会（Council）

---

[46] Schedule 11, §11, 13
[47] Schedule 13, §6
[48] Schedule 13, §1-3
[49] Schedule 10, §1

からも独立した機関が担うべきだという観点と、綱紀・懲戒案件とそれに至らない苦情案件（報酬が高い、依頼事件の処理が遅い、依頼者に報告しない等）とは別の機関が行なった方が合理的だという観点からなされた。前者の観点は、1983年のグランビル・デーヴィース事件[50]への批判とローソサイエティがあまりにもソリシターの権益擁護に走っているとの批判から生じたものであり、後者の観点はソリシターに対する苦情案件が激増した[51]こと、及び苦情処理は綱紀案件のように厳格な手続でなく柔軟かつ実務的な解決を目指すべきだとの考え方に由来するものである。

　1974年ソリシター法はローソサイエティの評議会にソリシターの規律権限を与え、重大な懲戒案件のみソリシター懲戒裁判所（Solicitors Disciplinary Tribunal, 以下「SDT」という）が処理するものとしていた[52]が、それ以外の懲戒案件及び苦情処理を扱う機関として、1986年ローソサイエティとは一応別の組織である「ソリシター苦情局」（Solicitors Complaints Bureau）が創設され、1996年にはこれが「ソリシター監督室」（The Office for Supervision of Solicitors）に改組された。しかし2004年クレメンティ報告書がソリシターの利益代表機能と規律機能を分離し、後者はローソサイエティから独立した機関が担うべきだと提言したのを受け、ローソサイエティは、上記両機能の分離を法律上義務付けた2007年法律サービス法の成立を待たずに2006年1月からソリシターの規律機能全般を担う機関として「ソリシター規律局」（Solicitors Regulation Authority, 以下「SRA」という）を、また苦情処理を専門に扱う機関として「法的苦情処理局」（Legal

---

50) これは評議会の重鎮であったグランビル・デービース氏が依頼者に過大な訴訟報酬を請求し（19万7,000ポンドの請求が裁判所により6万7,000ポンドに減額）、その依頼者からデービース氏に懲戒請求がなされたが、評議員が懲戒手続を妨害したとされる事件で、メディアが大々的に報道しソリシターに対する不信感を増大させた（White, supra p.140）。
51) 1992年にローソサイエティに申立てられた苦情件数は2万件であったが、1999年にはこれが3万件を超えた（Seneviratne, supra p.138）。
52) ソリシター懲戒裁判所はソリシター2名、非法律家1名のパネルにより構成される。吉川・前掲注1）97-101頁

Complaints Service, 以下「LCS」という）を発足させた。ただし、SDT はそのまま存続している。SRA は9人のソリシターと7人の弁護士でない委員で構成される。LCS はソリシターたるメンバーと弁護士でないメンバーとが7人ずつの構成である。

　前記のように、2007年法は LSB にすべての法律職の団体の規律権限を賦与し、バーカウンシルやローソサイエティなどの「承認規律団体」は LSB の委任を受けた範囲でのみ規律権限を行使できるものとされたから、LSB がスタートした2009年1月1日[53]以降 SRA は LSB の監督の下でソリシターの規律権限を行使することになった。また、重大な綱紀・懲戒案件を扱う SDT は従来どおり存続しているが、やはり LSB の監督を受けることとされた[54]。一方2007年法の定める OLC は2010年からスタートすることとされており[55]、それまでは LCS がソリシターに対する苦情処理を担うことになる。

(ii)　バリスター

　バリスターは、従来依頼者から直接受任することがなかったため苦情や懲戒事案も少なく、その規律機関が問題とされることは殆どなかった。そのため、綱紀・懲戒案件は長い間「職業的品行委員会」（Professional Conduct Committee）と「懲戒裁判所」（Disciplinary Tribunal）により処理されて来たが、1997年に苦情処理を扱う機関として「苦情処理コミッショナー」（Complaints Commissioner）の制度が創設された。そして、クレメンティ報告書が規律機能と利益代表機能の分離を提言したことを受けて、2006年1月1日からバリスターの規律機能を果たす機関として「バリスター職務規律局」（Bar Standards Board）が発足した。この機関も2009年1月1日以降 LSB の監督に服している。

---

53) Andrew Hopper and Gregory Treverton-Jones, The Solicitor's Handbook 2009 (The Law Society, 2009) P.5
54) §178, 179
55) Hopper and Treverton-Jones, supra P.5

(iii) **弁護士による綱紀・懲戒と苦情処理を監視する第三者機関の創設**

　1980年代において、前述のグランヴィル・デーヴィース事件に象徴されるように、弁護士の団体による綱紀・懲戒や苦情処理の状況に対する世論の不満が高まる中で、1990年 CLSA により、綱紀・懲戒及び苦情処理を監視する第三者機関としてリーガル・サービシーズ・オンブズマンが創設された[56]。オンブズマンは弁護士でない者から任命され、その権限は、弁護士の団体が市民の苦情に適切に対応しているか否かを監視することにあった。即ち、市民たちが弁護士の団体による懲戒事案や苦情処理に対して不満があるときは、オンブズマンに調査を申し立てることができ、オンブズマンは、調査の結果申立てに理由があると認めたときは、原処分を再調査するよう勧告することができるというものであった[57]。しかしオンブズマンのこの権限は不十分であるということで、1999年の司法アクセス法は新たに「法的サービス苦情処理コミッショナー」(Legal Services Complaint Commissioner) を設け、弁護士の団体に対し単なる勧告にとどまらず、命令を発し、罰金を賦課することができるようにした。オンブズマンとコミッショナーは同一人物が兼務している。

(2) **バリスターによる上位裁判所弁論権独占の廃止**

　前記のように、CLSA はバリスターによる上位裁判所の弁論権独占を廃止した。即ち、CLSA によれば、ソリシターその他の法律職の団体、否、理論的には全くの素人の団体でも、大法官から、特定の裁判所における弁論権を賦与する権限を持つ「認証団体」(Authorized Body) の認可を受ければそのメンバーに弁論権を賦与することができることになった[58]。ただ

---

56) CLSA §21 すでに1974年ソリシター法は「レイ・オブ ザーバー」(Lay Observer) という機関を置いていたが、レイ・オブザーバーの権限は主として市民の苦情をソリシター懲戒裁判所に持ち込むことに限定されており不十分だと判断されたのである。
57) CLSA §22, 23
58) CLSA §27

し、この認可を得るためには、申請者はまず資格賦与規定及び倫理規定をACLEC（1999年司法アクセス法によるACLEC廃止後は後身のリーガル・サービシーズ・コンサルタティヴ・パネル）に提出してその審査を受けなければならず、また、大法官は認可を与えることにつき指定裁判官の承認を得なければならないこととされた[59]。このように、上位裁判所におけるバリスターの弁論権独占は制度上廃止されたが、バリスターの既得権は温存された。即ち、バリスターは1989年に当時享受していた弁論権をバーカウンシルによって賦与されたものとみなされた[60]。その一方で、ローソサイエティが認証団体の認可を得るためには多くの曲折を経なければならず、認可は1993年ようやく下りることとなった。

弁論権に関するもう一つの大きな問題は雇用された弁護士の弁論権の問題であった。特にバリスターの場合、組織（国、企業等）に雇用されたバリスターは従来下位裁判所も含め弁論権が認められてこなかった。そのため、1985年英国で初めての統一的検察制度である「王立訴追庁」（Crown Prosecution Service, 以下「CPS」という）が発足した[61]後もCPSに雇用されたソリシター及びバリスターには弁論権がなくCPSは、下位裁判所については開業している一般のソリシターに、上位裁判所については開業バリスターに依頼して法廷活動を行なっていた。ようやく1999年の司法アクセス法は、バーカウンシル及びローソサイエティの資格賦与規定が雇用された弁護士に対する弁論権の制限を設けても当該制限は無効とする旨規定し[62]、雇用されたバリスター及びソリシターの弁論権を明確にしたのである。

以上のようにソリシターは長年の念願だった上位裁判所における弁論権

---

59) CLSA Schedule 4, §1, §5
60) CLSA §31（1）
61) 英国では従来検察官という役職は存在せず、刑事訴追は警察が民間のソリシターやバリスターに依頼して行なっていた。ようやく1985年の王立訴追法（The Crown Prosecution Act 1985）によりCPS制度が発足し、刑事訴追は原則としてCPSが行なうことになり、CPSにはバリスターやソリシターが雇用されることになった。
62) AJA §37

を獲得したが、実際に弁論権を取得したソリシターの数はそれほど多くはなかった。しかし、最近になってこの傾向に変化が生じつつあり、上位裁判所の弁論権を有するソリシターの数は 2003 年の 1,775 人から 2008 年の 4,504 人に増加した[63]。特に刑事事件を扱うソリシターにこの傾向が強い。これに対し、バリスターはソリシターからの競争に警戒を強めている[64]一方、裁判所は依然としてソリシターの弁論能力につき「偏見」があるといわれている[65]。また、上位裁判所におけるソリシターのかつら着用はようやく 2008 年 1 月から認められることになった[66]。

(3) ソリシターによる訴訟遂行権独占の廃止

　英国においては、従来、バリスターが上位裁判所の弁論権を独占していた一方で、ソリシターが訴訟を提起し訴訟手続中の付随的手続を行なう「訴訟遂行権」[67]を独占して来た。1974 年ソリシター法は、ソリシター以外の何人（バリスターを含む）にも、裁判所における民事・刑事事件の訴訟を遂行することを禁じていた。しかし CLSA は、弁論権と同様この独占権を廃止し[68]、1999 年司法アクセス法は一歩進んで、明文でバーカウンシルとインスティテュート・オブ・リーガル・エグゼキュティブをそのメンバーに訴訟遂行権を賦与することができる認証団体に指定した[69]。それにもかかわらず、バーカウンシルは雇用されたバリスターが雇用主のために訴訟遂行権を行使する場合に限って訴訟遂行権を認めた。即ち、一般の開業バリスターは依然訴訟遂行権を有していない。これは、バリスターが証拠収集、依頼者との交信等の業務に時間を費やすことはバリスターの弁論スペシャリストとしての能力を損ねることになり、また上記業務を行なう

---

63) Law Society Gazette 2008.3.6
64) Law Society Gazette 2009.5.14
65) Law Society Gazette 2009.5.14
66) Law Society Gazette 2009.12.13
67) 訴訟遂行権（right to conduct litigation）の定義につき CLSA §119
68) CLSA §28
69) AJA §40

ためにはそのためのスタッフ、施設を必要とするからであると説明されている[70]。かくして、バリスターが弁論のみを行い、ソリシターはその他の訴訟遂行を受け持つという伝統的な二元制度の構図は基本的には現在も維持されているのである。

(4) バリスターによる直接受任

バリスターがソリシターを介さずに直接依頼者から受任してはならないとの原則も弁護士二元制度を維持するため必要不可欠と考えられて来たが、1989年のグリーンペーパーはこの原則の廃止を提言した。これを受けてバーカウンシルはこの原則を一部改正し、一定の職業的資格を持つ者（建築士、公認会計士、不動産鑑定士等）からは直接受任できるようにし、また1999年には、職業的資格を持たなくても一定の専門分野の能力及び文書・情報を整理する能力があり何らかの服務準則に服している者（銀行、保険会社、労働組合、業界団体、消費者団体等）でバーカウンシルが認めた者からは直接受任できることとした（この制度をBAR DIRECTと呼ぶ）[71]。さらに、バーカウンシルは2004年7月から条件付ではあるが広く一般の依頼者から直接受任できるスキーム（PUBLIC ACCESS）を発足させている[72]。

(5) 勅選弁護士制度

勅選弁護士（Queens Counsel, QC,「シルク」とも呼ばれる）制度は長い間バリスターのみに関する制度であったが1989年のグリーンペーパーがバリスターでなくても完全な弁論権を持つ者にはQCの称号を与えるようにすべきだとの提言を行なったことから、1995年7月以降ソリシターもQCになることが可能になった。また2005年からQC選任手続がより透明性の高い制度に改められた。しかし、依然QCになるソリシターは少なく、

---

70) Zander, supra Note 22, p.795
71) Ibid pp.798-799
72) Ibid p.800

2009年5月の段階で上位裁判所の弁論権を持つソリシターは4,000人いるが、このうちQCは17人にすぎない[73]。

(6) 事務所の経営形態の大幅自由化

2004年12月クレメンティ報告書が発表された時点において、バリスター及びソリシターの業務形態については次のような制限が存在していた[74]。
(a) バリスターはバリスター同士でもバリスター以外の者ともパートナーシップを組むことはできない。
(b) バリスターはソリシターに雇用されることはできるがソリシター事務所のパートナーになることはできない。
(c) ソリシターはソリシター以外の者とパートナーシップを組むことはできない。
(d) ごく限られた例外を除き、ソリシター以外の者に雇用されたソリシターは雇用主以外の者にサービスを提供してはならない。

1989年のグリーンペーパーは弁護士の業務形態に関する上記制限を撤廃することを提言したが、紆余曲折の末これらは存続することとなったのである。ただ、唯一ソリシターが外国の弁護士とパートナーシップを組むことだけが許容されることになった[75]。

そして、前記のように、クレメンティ報告書は、これら制限の是非を検討した結果、法律家間のパートナーシップ（Legal Disciplinary Partnership, LDP）は許容すべきであるが、その他のパートナーシップはLDPの経験が積み重ねられるまで待つべきであると提言した。しかし、政府はこの提言を採用せず、直ちに弁護士の業務形態に関するすべての制限を撤廃する決定をしたのである。2007年法律サービス法はこの政府の決定に従って

---

73) Law Society Gazette 2009.5.14
74) Clementi Report, P.105
75) Multinational Practice Rule 1991

第 10 章　1980 年代以降における英国弁護士制度の急激な変容とその背景　　**163**

ABS の創設を規定した。ABS の概要はすでに述べたが、現在のところ LSB は 2011 年中頃までに ABS を実施に移すとの意向である[76]。

　ABS が実施された暁には、ソリシターとバリスター又はその他の法律家との間の LDP はいうに及ばず[77]、公認会計士など法律家以外の専門職業との間の MDP、さらには全くの素人が事務所の経営者または所有者として参加することも可能になる。従って法律事務所が投資家の資本参加を求めたり、株式を発行して上場することも可能になる。(現実にどこまで可能になるかは今後 LSB の策定する規則が定めるところによる。) ある調査によればすでに大規模事務所の 22% が外部資本の導入を検討しているとのことである[78]。そうなれば、英国の法律事務所は国際的な法律サービス市場において極めて有利な立場に立つとの見方がある一方で、素人が所有したり、経営したりする法律事務所は多くの国で違法とみなされるため、むしろ不利になるのではないかとの意見もある[79]。しかし、ABS のインパクトが最も強く現れるのは、一般市民向けサービスを提供する分野においてであろう。銀行、保険会社、スーパー等、全国的に抜群の知名度を有する大企業がコンベイヤンシング業務や遺言業務など定型化できる法律業務に進出した場合には圧倒的競争力を持つ存在になる可能性が高い[80]。実際、あるシンクタンクは、市民向け法律業務の市場はこのような企業事務所に席巻され小規模事務所は市場から駆逐されるであろうと警告している[81]。このように、ABS は弁護士業務、特に市民向け法律業務に重大な影響を与える可能性があるにもかかわらず、ローソサイエティが ABS の導入に

---

76) Law Society Gazette 2009.4.30
77) LDP は LSB による ABS 許可規則の制定を待つ必要がないため SRA がソリシター職務規程に必要な修正を加えた後 2009 年 3 月 31 日正式に発足し、SRA は同日 14 の LDP を承認した（Law Society Gazette 2009.4.2)。
78) Law Society Gazette 2007.11.15
79) Maute, supra Note 29, p.15
80) このような事務所を英国で有名なスーパーに因んで Tesco Law と呼んでいる。
81) Law Society Gazette 2009.8.20 もっとも、消費者は Tesco Law のサービスの質に懐疑的だとの見方もある（Law Society Gazette 2009.5.28)

賛成した[82]ことは興味深い。

(7) 法律扶助

　周知のように英国の法律扶助制度は世界で最も充実したものであり、莫大な国家資金がこれに投入されてきた[83]。このことは扶助事件を専門とする弁護士が多数存在し、彼らがその収入を扶助予算に全面的に依存していることを意味する[84]。従って、英国においては法律扶助制度と弁護士とは世界の他のいかなる国にもまして極めて密接な関係にある。

　その扶助制度が1980年代から急速な変化の道を歩んだ。そのキーワードとなったのは急速に増加する扶助のコストを削減するための制度の「合理化」である。まず1988年法律扶助法（Legal Aid Act 1988）によって法律扶助の運営主体が従来のローソサイエティから新たに創設された法律扶助局（Legal Aid Board, 以下「LAB」という）に移された。また、保守党政権下において、受給資格の制限、時間制報酬から定額報酬への変更、1994年8月のフランチャイズ制の導入[85]、スタッフ弁護士の使用などの改革が行なわれた。その一方で、英国では長い間タブーとされて来たコンディショナル・フィー制度が1990年のCLSAにより導入された。これは、敗訴した場合には弁護士報酬がゼロとなる代りに、勝訴した場合には通常報酬

---

82) The Law Society's Response to the White Paper The Future of Legal Services? Putting Consumers First, January 2006, Para. 93.
83) 2005年度における予算は約20億ポンド（現在のレートで換算すれば約3,000億円）であった（Legal Services Commission Annual Report 04/05, p.6）
84) 1983年においてバリスターの全収入の40％は扶助資金であった。Richard Abel, The Legal Profession in England and Wales（Basil Blackwell, 1988）p.116　一方1975-76年度においてソリシターの全収入の6％が扶助事件の収入であった。Ibid p.227 ソリシターの扶助事件への依存度が比較的小さいのはソリシターはコンベイヤンシング業務に多く依存していたからである。
85) フランチャイズ制とは一定の基準を満たしたソリシターの事務所に刑事、家事、人身事故など10の業務分野別に契約を与え、そのような事務所は予めLABの承認を得ることなく扶助事件が受任できる制度である。Slapper/ Kelly, The English Legal System, Sixth Edition（Cavendish Publishing Limited, 2003）p.537

の一定割合を加算した額（uplift）の成功報酬を請求できるというもので[86]、敗訴の危険を弁護士が負担するため、依頼者が法律扶助を利用しないでも弁護士に依頼できるようにしたものである。

しかし、より根本的な法律扶助制度の改革は労働党政権下の1999年司法アクセス法により行なわれた。同法の下での新法律扶助制度の骨子は次のとおりである。第1に、制度の運営主体が従来のLABから新設の法律サービス委員会（Legal Services Commission, LSC）に移行された。第2に、民事法律扶助については、従来の、予算に制限を設けないオープンエンド制が廃止され、予算に天井が設けられた。第3に、医療過誤を除く人身事故事件などは、コンディショナル・フィーの利用による費用負担が可能であるとの考え方に基づき、法律扶助の対象から外された。第4に、受給資格要件が従来より一層厳しくなった。第5に、民事法律扶助について「コミュニティ・リーガル・サービス・パートナーシップ」（Community Legal Service Partnership, 以下「CLSP」という）が創設された。これは、非営利法人や地方政府等弁護士以外の法律扶助のサービスの提供者を含めたパートナーシップを作り費用対効果のよいシステムを作ることを目的としたものである[87]。刑事法律扶助は依然オープンエンドであり、受給要件も緩やかであったが、費用節約の観点から2001年5月に、「パブリック・ディフェンダー・サービス」（以下「PDS」という）が創設され、国に雇用された公設弁護士（Public Defender）が刑事法律扶助事件の一部を担当することになった[88]。

---

86) これに対し、米国のコンティンジェンシー・フィーは、勝訴すると、弁護士が損害賠償金などの一定割合（30-40%）を受けるものであり、よりギャンブル的要素が強い。
87) しかしCLSPは失敗に終ったとされている。それは開業ソリシターや重要な地域団体が協力しないためで、CLSPの多くは休眠状態に陥っている。Zander, supra Note 22, p.598
88) しかし、パブリック・ディフェンダー制度は、かえって開業弁護士より費用がかかるとの調査結果もあり、政府も熱が冷めて来ている。2007年2月、LSCは8ヵ所のPDSのうち4つを閉鎖すると発表した（Law Society Gazette 2007.3.1）。

このように 1999 年司法アクセス法は法律扶助制度の根本的改革を目指したが、これによっても扶助予算の増加を止めることはできなかった[89]。そこで、2005 年大法官は法律扶助制度の更なる見直しをカーター卿（Lord Carter of Coles）に委嘱し、カーター卿は 2006 年 2 月と 7 月に「リーガル・エイド―市場による改革へのアプローチ」という報告書（以下「カーター報告書」という）を発表した。カーター報告書はいくつかの改革案を提示しているが、その核心となるものは入札制の導入である。これは、LSC が、定められた地域毎に入札により最高の評価を得た複数のサービス提供者（弁護士と非営利法人）と契約を締結し、契約したサービス提供者のみが扶助事件の割当てを受けられるとするものである。落札の基準はサービスの質、相当数の事件を引き受けられる事務所体制（弁護士の数、IT 設備など）及び価格の総合評価とされている。これは、今後相当程度の規模を備えた事務所でなければ扶助事件を担当できないことを意味し、特に扶助事件に依存して来た弁護士、就中中小事務所の弁護士、を存亡の危機に立たせている[90]。このように英国の法律扶助制度は重大な転換期を迎えており、これが弁護士制度にも大きな影を落としている。

4　英国弁護士制度変容の背景

　上述のような弁護士制度の急激な変容はどうして起こったのであろうか。これには下記に述べるような直接又は間接の要因があると考えられる。

---

[89]　1999 年に 15 億ポンドであったコストは 2006 年には 21 億ポンド（現在のレートで約 3,150 億円）となった（Carter Review P.3）。
[90]　LSC は 2010 年 6 月から一部の地域で試験的に入札制を実施し、その後全国に広げていく計画であるが、これに対しローソサイエティはその中止を強く求めている。Law Society Gazette 2009.5.21 また野党の影の法律扶助担当大臣は 2010 年に予定される総選挙終了まで実施を待つべきだと主張している。Law Society Gazette 2009.6.25

(1) 弁護士制度の不合理性

　第1の要因は弁護士制度自体にあった。即ち、伝統的弁護士制度が多くの市民にとって時代錯誤的であり不合理な制度であったのである。その最たるものはいうまでもなくバリスター、ソリシターという二つの「分枝」からなる弁護士の二元制度である。これは、単にバリスターとソリシターという二種類の弁護士が存在するというだけでなく、バリスターが上位裁判所における弁護権を、ソリシターがすべての裁判所における訴訟遂行権をそれぞれ独占し、バリスターは依頼者から直接事件を受任できず、必ずソリシターを介さなければならないという「弁護士倫理」に裏打ちされた制度であった。しかもバリスターには勅選弁護士（QC、シルク）という特別の身分があり、QCはそれ以外のバリスター（「ジュニア」）と共にでなければ出廷できないとか、ジュニアの報酬はQCの報酬の3分の2でなければならない等の「倫理」が存在した。従って、上位裁判所で訴訟を行なう当事者は必ずソリシターとバリスター、そして、バリスターのうちQC（通常専門分野で特に秀れたバリスターとされる）に依頼する者は同時にジュニアも使わなければならないこととなり、弁護士費用が極めて高額になったのである（筆者は自ら英国での訴訟を体験しこのことを実感した）。また、バリスターはかつらを着用し、バリスターの報酬は「名誉謝礼」であってバリスターには報酬請求権がなく、他方バリスターは自己の過失に対し法的責任を有しない、など、古色蒼然とした原則も存在した。このような制度は現代の市民感覚からずれており、いずれは改革されるべき運命にあったのである。前記のように上位裁判所におけるバリスターの弁論権独占、ソリシターの訴訟遂行権独占は廃止され、またQCにかかわる「倫理」の多くも廃止された[91]が、事実上これら慣行は現在にも尾を引いている。

(2) 弁護士に対する批判の高まり

　第2の要因は弁護士に対する批判の高まりである。シェークスピアが"first thing we do, let's kill all the lawyers"といったとされるように[92]弁護士はいつの時代にも一面嫌われ者であったが[93]、他方、特に英国において従来弁護士に対する批判が大きな社会現象にならなかったのは、弁護士に対す

る一定の敬意が社会に存在したからである[94]。ところが1980年代以降、弁護士への批判が急激に高まった。弁護士報酬が高すぎ、訴訟には時間がかかりすぎるといった批判やバリスターは法律扶助から高額の支払を受ける「太った猫」(fat cats) であるとの批判がマスコミで大きく取り上げられた。ソリシターに対しては多くの苦情申立がなされた[95]。またローソサイエティの苦情処理のやり方にも批判の目が向けられた。前記グランヴィル・デーヴィース事件はその象徴的ケースである[96]。このような批判が他の要因と相俟って制度改革への導火線となったのである。

(3) 1960年代以降における弁護士批判勢力の登場

第3に、ロンドン・スクール・オブ・エコノミクスのマイケル・バレジ教授によれば、1980年代において弁護士批判が高まったのには1960年代から、弁護士の内外に弁護士を批判する3つの勢力が登場したことが背景にある[97]。第1の勢力は大学で法律を学んでから資格を得た弁護士である。

---

[91] バーカウンシルは、1971年にジュニアの報酬はQCの報酬の3分の2でなければならないとの「倫理」を、また1977年にはQCは必ずジュニアを伴わなければならないとの「倫理」を廃止した (Zander supra Note 22, p.749)。また、1989年、リーガルエイド事件についてはQCがジュニアを伴わないで出廷することが義務付けられた。Richard Abel, English Lawyers between Market and State (Oxford University Press, 2003), p.254 しかし、事実上これらの慣行は今でも相当程度継続している。

[92] Richard Abel, The Professional is Political, International Journal of the Legal Profession Vol 11, No.1-2, p.132

[93] バレジ教授は古代ギリシャの時代から弁護士のない社会こそ理想の社会だとの考え方があったとして種々の文献を引用している。Michael Burrage, Revolution and The Making of the Contemporary Legal Profession: England, France and the United States (Oxford University Press, 2005), pp.1-7

[94] Seneviratne, supra Note 13, p.1, p.212

[95] 前記のように、1992年約2万件の苦情申立があったが1997年にはこの数は3万件を超えた。Seneviratne supra Note 13, p.138

[96] グランヴィル・デーヴィース事件自身をCLSA制定の契機の一つと見る論者もある。White, supra Note 4, p.5

[97] Michael Burrage, From A Gentlemen's to A Public Profession, International Journal of the Legal Profession Vol.3, No.1-2, pp.66-69

従来、弁護士、特にソリシターには大学で法律を学んだ者は殆どなく、専ら先輩弁護士の徒弟として修行し資格を得るものが大半であったが、1960年代から大学で法律を学んだ者が急増した[98]。彼らは従来の徒弟に比べ高年齢で弁護士になり、大学で教養を積んでいたから弁護士制度についても一家言を持ち、既存秩序に盲目的に従わないものも多かった。第2の勢力は大学の教師である。第二次世界大戦前には法律の素養があったのは弁護士だけといっても過言ではなかったが、次第に純粋の法学者が増加していった。1963年に272人であった法学者は1980-81年には1,282人となった。これら法学者はその関心も、収入も地位も実務家弁護士とは独立していただけでなく、むしろ既存の弁護士制度を批判的に見ることにその存在理由を見出したのである[99]。（時には彼らは消費者運動家と活動を共にした。）第3の勢力は官僚である。1960年代までは官庁で弁護士制度に携っていたのはバリスター出身の司法官僚であったが、1960年代後半から国家価格収入局（National Board for Prices and Incomes）や独占・合併委員会（Monopolies and Mergers Commission）（後の公正取引局（Office of Fair Trading））等の官僚が法的サービスの提供に関する「公益」を追求し始めたのである。彼らの報告書は弁護士制度の諸問題を政治の場で議論する引き金となった。これら諸勢力の発言や著作が既存の弁護士制度の問題点を明るみに出し、制度改革の理論的支柱を提供したのである[100]。

(4) サッチャー政権による「伝統の破壊」

第4の、そして最も直接的要因は1979年に登場したサッチャー政権に

---

98) 1925年においてソリシターのうち法学学位取得者の割合は14％であったが1982年には90％となった。Abel, supra Note 84, Table 2-3
99) その代表がロンドン大学のエイベルスミス、スティーヴンス両教授であり、彼らの著書 Lawyers and the Courts (1967) は弁護士の「制限的慣行」を厳しく批判した名著である。
100) 1970年の Monopolies Commission の報告書と1971年の Committee on Legal Education の報告書が法学教育につき改革を提唱したことなどはその例である。Abel, supra Note 91, p.33

よる伝統的秩序を「破壊」する政策である。サッチャーはハイエクを師と仰ぐ市場原理の信奉者であり、効率を推進し市場機能を阻害する「制限的慣行」や特権に反対した（サッチャーは自らが「中流の下」の出自であり、女性であることから男性社会、特権秩序への反発があり、ユダヤ人に親近感を持った。彼女の閣僚には6人のユダヤ人が含まれていた[101]）。この立場から、彼女は労働組合を弱体化させ、国営企業を民営化し、教育改革により大学予算を大幅にカットし、医療改革を行い英国医師協会（British Medical Association）を攻撃した。しかしこれらの改革は必ずしもすべて成功したとはいえず、特に効率を追求した医療改革は逆にコスト増をもたらし国民にも不人気であった。政権末期になるとサッチャーに対する世論も厳しくなっていた。このような中で、サッチャーは政治的リスクの少ない法律扶助制度改革、弁護士制度改革に手をつけたのである[102]。（マッケイ大法官のグリーンペーパーが出たのはサッチャー3期目の1989年であったことを想起されたい。）法律扶助の恩恵に浴したのは一般市民というより刑事被告人や移民など「不人気」な人々であり、また前述のように弁護士に対する批判が高まっていたから、これらを標的とすることは人気回復に役立つと考えられたのである。（弁護士は格好の敵役（whipping boy）とされた。）事実、マスコミはサッチャー・マッケイによる弁護士攻撃に拍手喝采した。

そして、サッチャー政権によるCLSAの制定はそこに盛り込まれた具体的な制度改革を超えた、いわば「文明史的」影響を持つ出来事であった[103]。700年ものバリスターの歴史の中で、バリスターはかつて立法の対象となったことはなく、ジェームス2世による攻撃を撃退した名誉革命

---

101) Ibid p.25, p.4
102) サッチャーは自らがバリスターであったが、バリスターとしての経歴は不満足なものであった。Ibid p.25 なお、なぜサッチャーは本来保守党の選挙基盤である弁護士、特にバリスターを攻撃したのかにつき、Fiona M. Kay, Professionalism and Exclusionary Practices: Shifting the Terrain of Privilege and Professional Monopoly, International Journal of the Legal Profession Vol.11, NO.1 & 2, p.14 以下参照
103) 以下の叙述は Burrage supra Note 93, p.561 以下による。

以来300年にわたって弁護士自治に対し疑問が提起されたことはなかった。即ち、弁護士自治は市民社会（civil society）に内在する当然の前提のように考えられて来たのである[104]。（これに対し、フランスの弁護士は裁判所や議会（パルルマン）と共に国王の権力に立ち向い自治を獲得した歴史を持っており、弁護士自治には極めて政治的意味合いがある[105]。）従ってバリスターは、立法によって彼らに対し何らかの深刻な事態が惹起されることはないと信じていた。CLSAの制定はこの信仰を打ち砕いたのである。この「文明史的事件」の後弁護士は世論の批判に適切に対応できず[106]、また、サッチャー・メイジャー政権後の労働党ブレア政権もこの新しい状況の下で立法により弁護士制度にどんどん介入していくようになる[107]。弁護士自治を廃止した2007年法律サービス法はその一つの到達点ともいえるものである。

(5) 弁護士という職業の変容と弁護士会の弱体化

第5の要因として挙げられるのは弁護士という職業自体の変容と、それに起因する弁護士会、特にローソサイエティの弱体化である。変容は人口の増加と女性や小数民族出身者の進出にもみられる。開業許可証（Practicing Certificate）を持つソリシターは1960年に19,069人、1980年に37,832人[108]であったのが2006年には104,543人に増加した[109]。そして、女性や

---

104) Michael Burrage, Mrs. Thatcher against Little Republic, in Halliday & Karpic, Lawyers and the Rise of Western Political Liberalism（Clarendon Press 1997）p.105は、Inns of Courtの自治は慣習に基づくものであり国王の令状に基づくものではなかったことを指摘する。
105) Halliday & Karpic, Politics Matter: A Comparative Theory of Lawyers in the Making of Political Liberalism, supra Note 104, pp.24-27, p.59
106) Ibid P.23
107) ブレアもその夫人もバリスターであったが、労働党はもともと弁護士の階級、特権等に敵対的であったし、また、ブレアはサッチャー流の効率重視の政策をとっていたから弁護士制度改革に躊躇することはなかった。Abel supra Note 91 pp.30-32
108) Abel, supra Note 84, Table 2.14
109) Key Statistics Solicitor's Profession as at 31, July 2006

小数民族のソリシターも大幅に増加した[110]。また、政府や企業に雇用されるソリシターも増加し[111]、業態が変容した。しかし、何よりも職業の変容をもたらしたのは、大企業を顧客とし、金融、企業買収、国際的紛争処理等の企業法務を扱い、グローバルに展開する巨大事務所、いわゆる「シティファーム」の出現である。（これに対し、コンベイヤンシング、家事、刑事、遺言、人身事故等の伝統的業務を扱うソリシターは「ハイストリート・ソリシター」と呼ばれる。以下、便宜上これを「町弁護士」と呼ぶ[112]。）シティファームと町弁護士との間では事務所規模（シティファームのいくつかは所属弁護士が2,000人を超える）、業務分野、収入、顧客層が異なるだけでなく、経済的利害関係も職業観も全く異なる。このようにソリシターが二極化した結果、ソリシターの同質性は失われ、シティファームと町弁護士は二つの別の職業であるとまでいわれている[113]。シティファームに勤務するソリシターの多くはアソシエイトとして「雇用された身分」の者であり、伝統的な自営職業としての弁護士の職業観とは異質の職業観を持つようになった。そして、何より重要なのは、特にシティファームで非職業化、産業化が進み[114]、利益の追求を第一義と考えるようになった[115]。今やこれら

---

[110] 2006年現在で開業許可証を持つ女性ソリシターは44,393人（全ソリシターの42.46%）、小数民族のソリシターは9,471人（同9.1%）であった。Ibid

[111] 2006年においてソリシター事務所以外で働くソリシターは23,968人（全ソリシターの22.92%）であった。Ibid

[112] シティ・ファームとハイストリート・ソリシターの分極化とそれによる弁護士自治の弱体化について、拙稿「英国における弁護士の二極化と弁護士自治の弱体化」自由と正義60巻10号（2009年）57頁（本書Ⅲ部9章）参照。

[113] 例えばSeneviratne, supra Note 13, p.214, Andrew Boon, From Public Service to Service Industry; the Impact of Socialization and Work on the Motivation and Values of Lawyers, International Journal of the Legal Profession Vol.12, No.2 p.240

[114] 弁護士の「産業化」現象については拙稿「諸外国における弁護士業務の『産業化』とその日本への影響」自由と正義42巻1号（1991年）31頁（本書Ⅱ部7章）を参照。

[115] Andrew M. Francis, Legal Ethics, the Market Place and the Fragmentation of Legal Professionalism, International Journal of the Legal Profession Vol.12, No.2, pp.181-183

の巨大事務所はソリシターの採用、職業倫理等の分野において絶大な影響力を持ち、また、懲戒問題や依頼者の苦情処理についても自らこれを処理する能力があるため、ローソサイエティを必要としない[116]。それどころか、ソリシターの不祥事、顧客とのトラブルの圧倒的部分は町弁護士が引き起こしているのにこれらに備えるための補償基金（Solicitors Indemnity Fund）などのコストはシティファームの弁護士も負担させられていることで、シティファームにはローソサイエティからの脱退論も根強い[117]。

このようなソリシター内部の二極分裂はローソサイエティの団結を阻害し、前述の弁護士制度改革への対応に大きく影響した。法律扶助、コンベイヤンシング独占の廃止、苦情処理改革等制度改革の影響を受けるのは町弁護士であったから、彼らはこれら改革に強硬に反対した。これに対し、シティファームは総じて改革に賛成であり、特に第三者機関による苦情処理や、MDPの解禁を歓迎したのである[118]。

政府はこのようなソリシター内部の分裂と、もともと存在する上位裁判所における弁論権をめぐるソリシターとバリスターの利害対立を巧みに利用してほぼ計画どおりの改革に成功した[119]。弁護士の制度改革反対運動は総じて失敗に終わったのである。

(6) 巨額の公費を投じた法律扶助制度の存在

前述のように英国においては法律扶助に巨額の公費が投入されて来たが、このことは法律扶助のコストの問題が納税者たる市民の関心事となることを意味し、政府はこれを大きな政治問題にすることができた。（日本で医療制度が往々政治問題になることを連想すると分り易い。）サッチャー政権、そして後のブレア政権は法律扶助制度の効率化を突破口にして非効率な弁護士の「制限的慣行」の改革を訴えたのである。マスコミは、政府側のキ

---

116) Ibid pp.186-187
117) Abel, supra Note 91, p.418
118) Burrage, supra Note 93, pp.574-575
119) Abel, supra Note 91, p.290 Kay, supra Note 102, p.41

ャンペーンに乗り、扶助事件で過大な報酬を得た弁護士を厳しく批判した[120]。弁護士、特に地方の町弁護士は法律扶助制度の合理化に猛烈に反対した（ストライキも敢行した）が、いつも政府側に敗北した[121]。このような力関係を背景としてサッチャー、ブレア政権は弁護士制度の他の側面の改革をめぐるバトルにも勝利して行なったのである。

5　おわりに

　英国の弁護士制度改革は今後どのような影響を持つのであろうか？　ここでは3つの点を指摘しておきたい。第1に、改革は前記のシティファームには殆ど影響を与えない一方、伝統的な弁護士業務に携わるバリスターや小規模の町弁護士を直撃した[122]。特に、コンベイヤンシング業務の自由化や法律扶助のコスト削減・効率化は多くの小規模町弁護士を存亡の危機に立たせている。このことは今後弁護士の二極化を一層加速すると共にABSの本格的導入によってシティファームを中心とする弁護士の非職業化、産業化が進行するであろう。

　第2に、弁護士の規律はLSBが担当することになり、弁護士自治は終焉したが、これは前記した英国特有の諸事情の下で起こったものであり、もとより、戦前の日本のように政府・官憲が弁護士をコントロールする制度になったものではないことを明確に認識しておくことが必要である。（もっとも任命権者が大法官であることに懸念を示す声もある。）弁護士の規律制度（特に苦情処理）の改革は消費者重視の視点から行なわれたのであり、この潮流は今後も継続していくものと思われる。

---

120) 4日間の弁論で10万7,000ポンド（現在のレートで1,605万円）を請求したバリスターやアラブの富豪の詐欺事件に400万ポンド（6億円）が支出されたケースなどが標的にされ（Abel, supra Note 91, p.265）、マスコミは金持のバリスターを「太った猫」（fat cats）と批判した。
121) Abel, supra Note 91, p.289
122) Burrage, supra Note 104, p.147

第3に、今後英国流の改革が他の国に波及していくか否かは不明であるが、現在のところ、ごく一部の国を除いてその徴候は見られていない[123]。

---

123) 連合王国内部の、北アイルランドでは2007年クイーンズ大学のジョージ・ベイン教授をトップとするチームが北アイルランド版「クレメンティ報告書」を発表したが、その中でクレメンティの提案の多くに対し否定的見解を表明している。Zander, supra Note 22, pp.836-839

第11章

近時における英国弁護士制度変容の中でのABS制度

1　はじめに

　私に頂いたテーマは英国（イングランド及びウェールズを指す）で導入された「代替的業務組織」（Alternative Business Structure, ABS）であるが、ABSは近年英国において弁護士制度又は弁護士という職業のあり様が大きく変容している中での一つの出来事にすぎない。そこで、本稿ではその変容の流れを簡単に述べ、その後にABSに触れることとしたい。なお、これら変容の中には、弁護士の規律制度の改革による弁護士自治の終焉という特筆すべきものが含まれているが、規律制度はABSなどの弁護士業務の問題とは側面を異にするので以下の叙述ではこれを除外することとする。

2　1990年頃より現在までの弁護士制度の変容

　1990年頃から現在までの約30年間に英国の弁護士制度は極めて大きな変容を遂げた。その主なものは以下のとおりである。

(1)　二元主義の実質的廃止

　周知のように、英国にはバリスターとソリシターという二種類の弁護士が存在している。これは「二元主義」と呼ばれている。ここで重要なことは、二元主義とは単に上記二種類の弁護士が存在しているだけでなく、両者の間に種々の「職業倫理」による規制があったことである。その規制の重要なものは、①バリスターによる上位裁判所における弁論権の独占、②

ソリシターによる訴訟遂行権（訴訟を提起し訴訟手続中で種々の補助的機能を果たす権限）の独占、③バリスターがソリシターを介さずに依頼者から直接受任することの禁止である。これらの規制の結果、ソリシターとバリスターはそれぞれの職域が保護された一方、依頼者はバリスターとソリシターの両者を使わなければ訴訟を遂行することができず、両者に報酬を払わなければならなかった。

1990年の裁判所及び法律サービス法（The Courts & Legal Services Act 1990, CLSA）及びそれに続く立法や「職業倫理」の改正により、バリスター及びソリシターという二つの職業自体は維持されたが、上記の規制は実質的に廃止され、今では、ソリシターがロー・ソサイエティから弁論権の賦与を受けることにより、上位裁判所で弁論権を行使することも、（一部の例外はあるが）バリスターが依頼者から直接受任することもできるようになった。

(2) 新しい「法律職」の公認

第2に、弁護士（バリスター及びソリシター）以外に法律事務を扱う職業が公認された。もともと英国では、訴訟、遺言検認、コンベリヤンシング（不動産譲渡に伴う所有権の移転書面の作成）等限定された法律業務についてのみ弁護士の独占が認められ、例えば、法律助言は誰でもすることができる制度であった。しかし、規制緩和の流れは、これにとどまらず、弁護士以外に法的サービスを提供する正式な職業としていくつかの新たな職業を誕生させた。その一つが1985年の裁判法（Administration of Justice Act 1985）により誕生したライセンストコンベイヤンサー（licensed conveyancer）という職業である。伝統的にコンベイヤンシング業務はソリシターが独占し、この業務が多くのソリシターの収入源の50パーセントを占めていたが、この業務独占が崩れたのである。

新しい法律職の第2はリーガル・エグゼキュティブ（legal executive）である。リーガル・エグゼキュティブは、当初「マネージング　クラーク」と呼ばれ、ソリシターの事務所でパラリーガル的な業務を行なう事務員であったが、1963年インスティテュート　オブ　リーガル　エグゼキュテ

ィブズ（Institute of Legal Executives, ILEX）という団体を設立し、次第に法律家としての地歩を固めていった。そして、1993年ILEXは、CLSAに基づき、カウンティコートやマジストレートコートなどの下位裁判所の弁論権賦与機関としての資格を申請し、1999年上記資格が認められた。これにより、ILEXのメンバーたるリーガル・エグゼキュティブは上記下位裁判所における弁論権を行使できるようになった。

さらに、チャータード　インスティテュート　オブ　パテント　エイジェンツ（Chartered Institute of Patent Agents）は1999年上位裁判所における特許その他知財事件の訴訟遂行権及び弁論権賦与機関の資格を与えられたため、そのメンバーであるパテント　エイジェントが上記権限を行使する途が開かれた。

これらの新「法律職」の誕生によって、弁護士、特にソリシターはさらなる競争に曝されることとなった。

(3) **業務に関する規制緩和**

英国の伝統的弁護士制度の下においては、二元制度にかかわる規制以外にも種々の規制が存在した。その第1は、広告規制である。広告規制はどこの国にも存在したが、英国では他国よりも広告規制が厳格であった。特に、バリスターの広告規制は極めて厳格であり、例えば、自分の使用する用箋や名刺にバリスターである旨の表示をしてはならず、仕事の獲得につながるような人（例えばソリシター）と「過度に」交際してはならないこととされていた。しかし、これらの規制は現在では大幅に緩和され、不正確もしくは誤導的な広告又は法律職に対する公衆の信頼を傷つけるような広告でなければ許されるようになった。すでに多くのバリスターがホームページをもつようになっている。

第二に報酬規制があり、特に勝訴の場合にのみ報酬をうける報酬契約（成功報酬）は禁止されていた。しかし、法律扶助制度の「合理化」の過程で、敗訴した場合には依頼者が報酬を払う必要のない成功報酬制を認めれば、人身事故事件などを法律扶助の対象から外しても弁護士サービスへのアクセスに障害がなくなるとの観点から、成功報酬制の一種であるコンディシ

ョナル・フィー（conditional fee）制度が導入された。これは、米国で広く行なわれているコンティンジェント・フィー（contingent fee）と同じく敗訴した場合には報酬はゼロであるが、勝訴した場合には、勝訴額の 30-40 パーセントを支払うコンティンジェント・フィーと異なり、通常報酬の一定割合（uplift）を加算して支払う制度である。この制度の導入に伴い、1999 年の司法アクセス法（Access to Justice Act 1999）は医療過誤以外の人身事故及び物損事故を法律扶助の適用対象外とした。

　第三に、バリスターの事務所に関する制限がある。バリスターは「チェンバー」（chamber）と呼ばれる事務所に所属して執務するが、ロンドンで開業するバリスターはいずれかのインズ・オブ・コート（「イン」）内のチェンバーにのみ所属することができることになっていた。しかし 1989 年からインの外部にチェンバーを設けることができるようになり、また、1989 年からは 3 年以上の執務経験のあるバリスターは自宅で執務することができるようになった。

(4)　法律扶助制度の「効率化」

　英国は「ゆりかごから墓場まで」の福祉国家理念を実現する一環として、世界で最も充実した法律扶助制度を有してきた。しかし法律扶助コストの激増と「小さな政府」を目指すサッチャー・ブレア政権の下で法律扶助制度は大幅に「効率化」された。これには、受給資格の制限、弁護士報酬の合理化、スタッフ弁護士制度の導入、ADR・本人訴訟の促進、コンディショナル・フィー制度の解禁と扶助対象事件の制限、民事法律扶助のオープン・エンド制（予算に制限を設けない制度）の廃止などが含まれる。さらに 2006 年のカーター報告書は、定められた地域毎に最高の評価を得た少数（4〜6）のサービス提供者（弁護士事務所及非営利団体）にのみ法律扶助案件を扱わせるという「入札制」を提案した。この提案は、従来法律扶助業務を生活の糧としてきた多くの小規模の市民事件専門ソリシター事務所（「ハイストリート・ソリシター」と呼ばれる）を廃業に追い込むものであり、強い反対を受けたため、未だに実施に至っていない。その一方で、現在のキャメロン政権は扶助予算を 3 億 5,000 万ポンド削減することを目

的とする新法案（Legal Aid, Sentencing and Punishment of Offenders Bill）を提出し経済的弱者の司法へのアクセスが困難になることを危惧する人達の大反対の中、この法律は 2012 年 5 月 1 日成立した。

　このように、英国の法律扶助制度は激動しており、これが多くのハイストリート・ソリシターに重大な影響を与えている。

3　弁護士という職業の変容

　ABS 解禁の背景として重要なのは、今まで見たような弁護士制度の変化とともに弁護士という職業自体が伝統的な「プロフェッション」から大きく変容したことである。これは次の点に表れている。

(1)　人口増加と多様化

　まず挙げられるのは弁護士の人口増加と多様化である。開業許可証を持つソリシターの数は 1960 年に 1 万 9,069 人、1980 年に 3 万 7,832 人であったのが、2006 年には 10 万 4,543 人に増加した。これと同時に女性や少数民族出身ソリシターも増加した。2006 年には開業許可証をもつ女性ソリシターは 4 万 4,293 人、少数民族出身者は 9,471 人となり、それぞれソリシター全人口の 42.46 パーセント、9.1 パーセントを占めるに至っている。40 才以下に限れば、男性ソリシター（2 万 6,257 人）よりも女性ソリシター（3 万 56 人）の方が多くなっている。

　また、かつてはソリシターの多くは「独立自営」であったのが、現在では雇用されているソリシターが多くを占めるようになった。2006 年には企業等に雇用される「インハウス」ソリシターが 2 万 3,968 人と全ソリシターの 22.9 パーセントを数え、これにソリシター事務所に雇用されているソリシター 3 万 9,616 人を加えると、雇用されているソリシターは全ソリシターの 60.8 パーセントとなっている。特に大規模事務所では雇用されているソリシターの比率は高い。

　このようにソリシターの人口増加及び性別、人種別の多様化はそれ自体弁護士という職業をかつての同質的な職業から多様な職業に変質させた。

これに加え、弁護士業務が専門化し、また後述のように、大企業を顧客とし、金融、企業買収、国際的紛争処理等の企業法務を扱う「シティ・ファーム」と伝統的業務を扱うハイストリート・ソリシターとの間に二極化が生じたことは弁護士の同質性の希薄化に拍車をかけることとなった。

(2) 産業化・非職業化

弁護士という職業の変容の第二の側面は、特にシティ・ファームを中心として、弁護士業が「プロフェッション」から「ビジネス」へと変化したことである。かつては、弁護士業は聖職者及び医師と並び、「トレード」とは区別された意味での「プロフェッション」であり、公共性や司法制度の一翼を担う職業であることが強調されたが、現在のシティ・ファームは、専ら「利益の最大化」を第一の目的とするビジネス、産業（インダストリー）となった。シティ・ファームは文字通り巨大産業となり、支店設置、他事務所の買収、積極的営業活動等により世界展開を企っている。これに伴い、そこで執務しているソリシターのメンタリティも「企業家的」「市場主義的」になり、伝統的な職業倫理の拘束を嫌い規制緩和を求めるようになっている。

(3) ソリシター内部の分裂・二極化

シティ・ファームの発展の結果、現在ではシティ・ファームとハイストリート・ソリシターとの分裂・二極化が顕著になっている。まず両者間の経済的格差が大きくなった。2004年には、1万を超えるソリシター事務所の中で、規模が上位100の大シティ・ファームが全ソリシター事務所の売上の50パーセントを稼得した。他方、ハイストリート事務所は、前述したとおり、コンベイヤンシング業務のソリシター独占の廃止や法律扶助制度の効率化によって経営基盤が圧迫されている。また、シティ・ファームとハイストリート事務所との間には事務所規模や収入面での格差にとどまらず、顧客層・業務分野はもちろんのこと、職業観、行動原理、弁護士会に対する期待なども大きく異なっており、もはや両者を同一の職業とは呼べないとまでいわれるに至っている。例えば、ハイストリート・ソリシタ

ーはコンベイヤンシング業務の規制緩和や法律扶助制度の合理化反対運動などで弁護士会のリーダーシップを期待するのに対し、シティ・ファームは弁護士会をあまり必要とせず、弁護士会はむしろ自己の活動に介入する邪魔な存在に映るようになっている。このようなソリシターの内部分裂とシティ・ファームの弁護士会への無関心は弁護士自治にとって大きな脅威となっている。

4 ABS 導入の経緯

　さて、いよいよ ABS の話に移る。2003 年 7 月、新たなポストである憲法省（Department of Constitutional Affairs）の大臣に就任したファルコナー卿は、デーヴィッド・クレメンティ卿を長とするチームに、法律職（既述のように英国には弁護士以外にリーガル・エグゼキュティブ等の法律職がある）の規律システムの改革案を検討するよう委嘱した。これに応え、クレメンティ卿は 2004 年 12 月、「イングランド及びウェールズにおける法律サービス規律体制の検討」と題する報告書（「クレメンティ報告書」）を発表した。クレメンティ報告書は、弁護士自治を終焉させる提案を含むものとして世界中の弁護士に注目されるものとなった。

　クレメンティ報告書は、法律職の「規律」の問題だけでなく、法律職の事業組織についても提言した。この中で、クレメンティ報告書は、従来認められていなかったバリスター間のパートナーシップ、バリスターとソリシターとの間のパートナーシップ等の禁止を解除し、法律職間の共同組織（Legal Disciplinary Practice, LDP）を全面的に認め、かつ非法律職が LDP の責任者になったり、LDP を所有したりすることを一定の条件の下に許容した。他方、クレメンティ報告書は、法律職と異業種（公認会計士等）との間のパートナーシップ（Multi-Disciplinary Partnership, MDP）は認めず、将来規律機関が適切な条件の下で認めることを検討すべきであるとした。

　しかしながら、憲法省は、クレメンティ報告書の提案の最後の部分を採用せず、直ちに業務形態に関するすべての制限を撤廃し、MDP を含むすべての業務組織を「代替的業務組織」（Alternative Business Structure,

ABS) として認めることを決定し、「消費者を第一に」(Putting Consumers First) と題するホワイトペーパーを発表した。このホワイトペーパーは、ABS のメリットとして、ABS が法的サービスの消費者に対し、よりよい選択、より安い価格、よりよい司法アクセス、より大きな利便性と信頼を与える一方で、法律サービスの提供者には資本導入の容易化、リスクの分散、柔軟性の確保、質の高い非法律職への機会提供などを挙げた。

議会は、上・下院合同委員会を設立してこのホワイトペーパーの内容を盛り込んだ「法律サービス法」案を検討した。上記合同委員会は、外部資本が ABS を所有した場合、当該外部資本と所属弁護士との利害対立が生じたり、地方や法律扶助の領域で弁護士へのアクセスに支障が生じたりする可能性があることなどを指摘したうえ、クレメンティ報告書のように、まず LDP を導入し、その後然るべき検証を経てから ABS を導入するよう勧告した。しかし、政府はこの勧告を受けいれず、結局政府原案は大きな修正もなく議会を通過し法律（「2007年法律サービス法」Legal Services Act 2007) となった。

ABS は、大企業による弁護士業務への参入を許容するため特にハイストリート・ソリシターに壊滅的影響を与えることが予想されたが、興味あることには、上記審議の過程でロー・ソサイエティはホワイトペーパーに賛成し、またバー・カウンシルも ABS の導入を歓迎した。

5　2007年法による ABS 制度の概要

2007年法によれば、導入された ABS 制度の概要は次のとおりである。

一定の「指定法律業務」を扱う組織で、すでに認められているもの以外の組織（MDP を含むパートナーシップ、無限責任会社、有限責任会社等）は ABS として許可を得なければならない。

上記許可は「許可賦与機関」(Licensing Authority) が与えるが、この許可賦与機関とはロー・ソサイエティなどの承認規律団体（Approved Regulator）であって、2007年法により新たに創設された法律サービス局（Legal Services Board, LSB) に申請して、大法官の指定を受けた者をいう。許可

賦与機関は上記指定を受ける際、ABS 事務所許可のための規則（「ABS 許可規則」）を制定してこれを提出しなければならない。

　ABS 許可規則の内容については ABS 許可のための要件としてきわめて詳細なルールが定められている。まず、ABS の構成に関し、ABS は資格賦与機関の承認を受けた 1 人の「法律業務主任」（Head of Legal Practice）と 1 人の「財務・管理主任」（Head of Finance and Administration）を置かなければならず、上記の者は、各人につき法が定める業務を遂行するのに「適した」（fit and proper）人物でなければならない。また、法律業務主任は有資格者（法律職）でなければならない。

　さらに、ABS の所有についても詳細な規定が設けられ、無資格者が ABS の「制限された持分」（restricted interest）を所有するためには資格賦与機関の許可が必要とされている。ここで「制限された持分」とは、① ABS 株式または ABS の親会社の株式の 10 パーセント以上の所有、②株式の所有を通じて ABS または ABS の親会社の経営に重要な影響力（significant influence）を行使すること、③ ABS または ABS の親会社の投票権の 10 パーセント以上の所有、等をいう。許可賦与機関は制限された持分を所有しようとする当該無資格者が ABS を所有するのに「適した」（fit and proper）人物であり、また所有により当該 ABS の職業上の原則が阻害されないことを確認しなければ許可を与えてはならない。

　ABS の業務は当該業務を行なう資格を有する者によってのみ行なうことができ、ABS の従業員もしくはマネージャーまたは ABS に出資している無資格者は、当該 ABS の資格賦与機関の許可規則が定める ABS の義務の違反となるようなことを一切してはならないとされている。

6　ABS の実施状況

　ソリシターの規律機関である Solicitors Regulation Authority（SRA）は、2012 年 1 月 3 日、LSB から正式に許可賦与機関（Licensing Authority）の資格を与えられ、即日 ABS の申請の受付を開始した。SRA は、同年 7 月末現在 150 件余の申請を受理し、同年 8 月 30 日までに 29 件に許可を与え

た。ABS の許可賦与機関としては、SRA に先駆けて 2011 年 10 月に Council for Licensed Conveyances が資格を授与され、また The Intellectual Property Regulations Board や The Institute of Chartered Accountants in English and Wales も許可賦与機関の申請をしている。

　それでは、現実にどのような ABS が誕生し、または計画されているのであろうか。Law Society の機関誌 Law Society Gazette の記事により、実例を見てみることにする。

　（i）　英国最大の相互保険会社である Co-Operative Group（売上げ 137 億ポンド、店舗数 5,000）の一部である Co-Operative Legal Services（CLS）は、400 人以上のスタッフを雇用して、人身事故、遺言、遺産管理、コンベイヤンシング（不動産譲渡手続）、雇用問題に関する法律サービスを提供している。この CLS が ABS の許可を受けて家事事件の分野に進出する。CLS は、新たに 3,000 人のスタッフ（うち過半数はソリシター及びリーガル・エグゼキュティブ）を雇用し、英国全土にある 326 の店舗を使用して家事事件関連サービスを提供する計画である。

　（ii）　2012 年 1 月、上場企業である Quindell Portfolio はリバプールの人身事故専門事務所 Silverbeck Rymer を 1,930 万ポンドで買収し ABS を組成することになった。

　（iii）　私的ファンドである Duke Street が債権管理会社（claims management company、これは、新聞・テレビなどのマスメディアを使い、「回収しなければ報酬請求をしない」をキャッチフレーズにして集客し、訴訟など弁護士のサービスが必要になった場合には弁護士を紹介して紹介料を徴収するというビジネスモデルの債権回収会社である。一時大流行したが、種々の問題も引き起こした。Legal Aid, Sentencing and Punishment of Offenders Act 2012 が紹介料を禁止したことが、債権管理会社にソリシターとの ABS を組む動機づけをしたといわれている。）である Parabis Group の所有権の過半数を買収し、ABS の申請を行なった。Parabis Group は 2002 年に設立され、債権管理のアウトソーシング、企業再生、損害査定等の業務を年間約 20 万件処理し毎年 25 パーセントの成長を続けている。買収額は 1 億 5,000 万ポンド

から2億ポンドと見積もられ、買収後の初年度1億6,000万ポンドの収入を見込んでいる。

(iv) 大手電気通信会社 British Telecom は、子会社の債権管理会社（BT Claims）を通じて ABS を組成し、自動車事故や訴訟等の法律業務に参入する計画で2012年2月 ABS の申請を行なった。

(v) 企業法務を行なう大手シティ・ファーム DLA Piper を株主とする法律事務所 Riverview Law が、広く中小企業から大企業までを含めた企業に対して法律サービスを提供する ABS を組成すると発表した。Riverview Law は、固定報酬で企業の社内法務を受託する計画で、現在43人のバリスターを含む75人の弁護士を雇用している。依頼者は固定報酬の年間契約を結び無制限に社内法務を依頼することができるという。

(vi) Red Bar Law は2012年7月、9つ目として許可された ABS であり、1人の経営コンサルタントと1人のソリシターが共同で設立した。120人のバリスターを登録しており、訴訟、離婚、遺言、契約、専門家の過失事件等を手がける。この ABS の「売り」は、依頼者が依頼直後から直接バリスターに会うことができ、また報酬はすべて固定報酬制（例えば離婚は1万ポンドから3万5,000ポンド、訴訟は1,000ポンドから4万ポンド）であることである。

(vii) 2004年に開業し、人身事故を専門に扱う法律事務所 New Law（65人のソリシターを含む270人のスタッフが在籍）は保険会社と ABS を組成する計画である。

(viii) イタリアの大手事務所 Pirola Pennuto Zei & Assciati（売上1億ユーロ）はロンドンに進出し、法律及び税務に関するサービスを提供するための ABS を組成する。

(ix) 変ったところでは、コンベイヤンシング事業を行なっている1人事務所のソリシターが彼女の母親をパートナーとする ABS の許可を得た。

このように、ABS は多様な状況の下で多様な目的のために組成されているが、総じていえば、殆んどが市民向け業務（ハイストリート業務）のためのものであり、企業法務を扱う大手シティ・ファームは ABS を組成

することに慎重な態度を取っている。

　その一つの理由は、ハイストリート・ソリシターの資金調達の必要にある。近時銀行はハイストリート・ソリシターへの融資を渋る傾向があり、ハイストリート・ソリシターは銀行以外の資金調達先を探す必要が生じたため、私的ファンドや事業会社とABSを組成することによって資金調達を計っている。一方投資家側からみても、一部のハイストリート業務は大きな利回りが期待できるため、これを格好の投資先とみているのである。（特に人身事故や、大手不動産会社を顧客にもつコンベイヤンシング業務を扱う事務所などが魅力的なターゲットだとのことである。）一方、大手シティ・ファームの場合には、必要資金は銀行から容易に融資を受けられるため資金調達のためABSを組成する必要はない。

　いずれにせよ、ABS解禁の極めて重要な効果は一般企業が法律業務の市場に参入できるようになったことである。特に、全国的に抜群の知名度を持ち各地に多数の店舗網をもつスーパー、銀行、保険等の大手企業は弁護士とABSを組成することによってハイストリート業務を行なうのに有利な地位がある。上に記したCLSやBTの例がこれに該当する。

7　ABSと対抗するビジネスモデル——フランチャイズ

　一方、上記Co-Opなどの大手企業によるABSに対抗する形で輪を広げているビジネスモデルに、フランチャイズ方式による小規模ハイストリート事務所の統合モデルがある。その典型的事例はQuality Solicitorsである。Quality Solicitorsは外部資本を入れて大々的にテレビ等による広告を行い全国ブランドを形成した。そして各地の小規模事務所とフランチャイズ契約を締結し、ブランドの使用、事務サポート、顧客の紹介等の便益を供与する代りに売上の5パーセントを徴収する。業務開始後1年間で200の事務所をメンバーとした。Quality Solicitorsのメンバー募集広告によれば、このブランドの特徴として、各メンバー事務所は独立性を尊重される、ハイストリート業務だけでなく中小企業向けの企業法務事務所もメンバーになれる、などを謳っている。2011年にメンバー事務所の売上合計が5億

ポンドを超えているという。

　Quality Solicitors と類似するフランチャイズ方式の組織のもう一つの例は HighStreetLawyer.Com であり、2012 年中に 100 のメンバーの獲得を目指している。さらに、ケント所在の事務所が Law Store なるブランドを立ち上げた。このブランドの場合には、各地域でメンバーは 2 事務所限りとし、1 年間は会費無料とする。また、メンバー事務所は必ずしもブランドを使用する義務を負わず、価格も自由に設定することができる（ただしブランドの設定した価格を下まわってはならない）。

　フランチャイズモデルの中には Everyman Legal のように上場を目指しているブランドもある。さらに、フランチャイズモデルとも異なり、インターネットにより、依頼者が自分で遺言、交通違反切符への異議申立書、債権回収のための書面などの法律文書を作成できるようにするサービスを提供する Legal365 のようなブランドも出現している。

　現在個人を対象とするハイストリート業務（人身事故、コンベイヤンシング、遺言、遺産管理など、これを「小売り法務」とも呼ぶそうである）の市場規模は 140 億ポンドとされているが、ABS の実施及び上記のような新しいビジネスモデルにより消費者が弁護士にもっとアクセスしやすくなればこの規模は拡大すると見られている。

　しかしながら、ハイストリート業務に従事するソリシターの大部分は 3 〜 4 人又はそれ以下の小規模経営であり、ABS 等の新しいビジネスモデルの波は、法律扶助制度効率化による小規模事務所「追放」計画とともに、これら小規模事務所に「変革か死か」の選択を迫っている。相当数の事務所は合併等を通じた規模拡大により生き残りを計ると思われるが、法律扶助制度の「合理化」と相俟って、今後ハイストリート弁護士には厳しい道が待っていると思われる。

第Ⅳ部

法律扶助制度

第12章

新しい法律扶助制度への提言

1 法律扶助協会をめぐる最近のうごき

　ここ2、3年来、在京弁護士会でも法律扶助協会（以下「扶助協会」という）をめぐる問題がにわかにクローズアップされて来た。その最大の原因は扶助協会の財政が危機的状態に陥ったことにある。ことに、いわゆる「本部・支部分離問題」が持ち上がった結果、扶助協会東京支部は東京3会から1,000万円もの財政援助がなければ運営が不可能になり、また日弁連会館の使用にも赤ランプがともったのである。このような緊急事態に対処するためわが会も応急措置の検討を与儀なくされたが、このような議論を行なうなかであらためて扶助協会の抱えている問題点が浮き彫りにされた。就中、扶助協会の財政的基盤のぜい弱さが指摘された。
　一方、このような弁護士会の動きと併行して扶助協会内部でもその財政の抜本的改善が叫ばれ、7月には「15億円基金構想」がその実現に向かってスタートすることになった。

2 法律扶助事業に対する発想の転換の必要

　扶助協会の現状に対する関心が高まって来たことは歓迎すべきことである。また、扶助協会が「前代未聞」の15億円基金構想を打ち出し、その財政を健全化するための積極的姿勢を示しつつあることは評価に値しよう。
　しかし、現在における弁護士会や扶助協会の法律扶助問題に対する取り組みの姿勢は、基本的に現在の扶助協会の財政危機を彌縫するという現状維持的なものにとどまり、長期的視野に立った新時代の法律扶助事業を考えるという視点が欠落しているといわざるを得ない。15億円基金構想に

しても現状を前提とした財政基盤の若干の改善というにすぎない。この構想は世界の水準からみれば規模自体小さなものにすぎないのみならず、現行扶助事業の持つ様々な問題点にほとんど触れるところがない。勿論、現在の扶助協会の運営を継続するため、とりあえず応急措置を講ずることの必要性は認めなければならない。しかし、我々はそれのみにとどまってよいのであろうか。

　近時における欧米各国における法律扶助事業の充実には目を見張らせるものがある。これら各国においては従来の法律扶助は、篤志家による貧困者への「恩恵」であるとか、弁護士の奉仕活動であるとかという観念と訣別し法律扶助は国民の国家に対する権利であるという発想の下に新しい制度が誕生したのである。

　これら諸外国の新制度と比較し、わが国扶助協会の法律扶助事業は基本的に前時代の「法律扶助観」に基づくものである。そもそも、扶助協会はその発足当時（昭和27年）におけるアメリカのリーガル・エイド・ソサエティをモデルにして構想されたものといわれているが、アメリカはつい最近まで法律扶助に関しては欧州諸国ほど進んでおらず、リーガル・エイド・ソサエティはまさに民間篤志家の寄付により支えられていた前時代の産物であった。扶助協会は発足後国家から補助金を得るようになったがその基本的構造は発足当時から何等変わっていない（基金が100万円のままであることが象徴的にこれを物語っている）。従って、若干の財政的改善が加えられたところで扶助協会の「前時代的性格」は本質的には変わらないのである。従って、わが国の法律扶助事業を欧米諸国のそれに近づけるためには発想を転換し、全く新しい構想によって再スタートする必要がある。具体的には、現扶助協会の全面的改組、または新しい組織の創設が不可欠となろう。

　ここで欧米の制度と比較しつつ、現在の法律扶助制度の具体的な問題点を指摘してみよう。

3 現行法律扶助制度の問題点

(1) 財政的基盤の弱体

　現行扶助制度の問題点の第1はつとに指摘されているように、その財政的基盤が極めて弱体なことである。周知のように、扶助協会の会計は扶助のための直接の経費たる「扶助会計」と扶助協会の事業運営に要する費用たる「一般会計」とに分類されている。扶助会計は国からの補助金年額6,000万円余と依頼者からの償還金年額約1億7,000万円、合計2億3,000万円余で賄われている。一方、一般会計には国からの補助は調査費名目の800万円を別とすれば一銭の出費もなく専ら弁護士会及び事件を担当した弁護士からの寄付金と地方公共団体からの若干の補助金に頼っており、その規模も本部、支部全国合計で約1億5,000万円にすぎない。このように扶助協会の活動に対する国の補助は毎年1億円にも満たず、ことに協会の運営は弁護士からの献金に依存している状態である。

　それでは欧米諸国の状況はどうであろうか。手元の資料でデータがやや不ぞろいであるが、民事法律扶助事業に国家が出費した額は英国では1972〜73年度（これは会計年度が2暦年に亘っているという意味であって2年間でという意味ではない）で約1,380万ポンド（82億円）、スウェーデンの1973〜74年度における出費が約8,300万クローネ（58億円）、アメリカ連邦議会が1975年度に出費を認めた予算（1974年法の下でのリーガル・サービシーズ・コーポレーションによる事業のための予算）が1億ドル（300億円）となっている。更に、人口わずか600万人のカナダ・ケベック州の1975〜76年度の予算は1,800万ドル（54億円）である。また、西ドイツは1972年に法律扶助事業を拡充したが、それよりはるか前の1967年度においてさえ1,600万マルク（16億円）の出費を行なっている。これらと比較した場合前記の日本の法律扶助予算は無に等しいといっても過言ではない。日本は国民総生産においてアメリカを除く以上のどの国をも凌駕していることを考えると一層その感を深くする。

(2) 扶助内容の前時代性

　扶助協会は財政基盤がぜい弱なだけでなく非常に根本的な欠陥を持っている。それは、扶助の内容が訴訟事件（調停等を含む）の諸費用の立替にすぎないという点である。このことは法律扶助を受けうる者の範囲を実質的に極めて狭くしていると同時に、扶助協会を国民にとって魅力のないものにしているのである。

　扶助協会は費用の立替を行なうのであるから、扶助を受けた依頼者は後日費用を償還しなければならない。この建前からいけば、扶助を受けるのは事件に勝訴して相手方から金銭的給付を受けられるような者に限定される。従って、被告や、非金銭的事件の当事者は扶助を受けられないことになる。扶助協会の運用では「償還免除」の制度を利用して、このような者にも扶助決定をしている場合があるようである。しかしこのようなケースは例外である（償還免除を受けうる者は生活保護法の適用を受けているかそれに準ずる者のみである）。そもそも、例外規定や運用によって被告等に扶助を行なっているということ自体が問題である。欧米諸国の新しい法律扶助制度の下では、被扶助者は無料で訴訟その他法律問題を処理してもらい、その費用はすべて扶助資金から支給されるのである（もっとも次に述べるコントリビューションの問題があるが、これは費用の償還とは全く異質である）。

　次に、現行制度の下では、扶助を受けるための経済的条件が欧米諸国のそれに比較して極めて厳しい。法律扶助審査委員会細則によると、扶助を受けうるのは生活保護法に定める要保護者、訴訟のための出費によって生活をおびやかされるおそれのある生計困難者及びこれに準ずる者とされているが、現在の運用では3人家族の場合月収15万円以下の者とされている。これに対し、イギリス、スウェーデン等では中産階級も扶助の対象者になっており、その結果、スウェーデンでは一審事件の40％以上、イギリスでは全民事事件の50％が扶助事件である。このように今や法律扶助は国民の多数を対象とする制度となっているのである（なお、このように対象者の範囲を広げたため、被扶助者のうち一定以上の収入のある者は資力に応じて費用の一部を拠出――コントリビューション――することになっている）。

　さらに、扶助協会の事業は裁判（調停・和解を含む）事件に限定されて

いる（ごく最近法律相談も行なうようになったが、これはまだ本格的事業とはいえない）。しかし、一般市民の法律問題のうち圧倒的部分は裁判事件ではない。また、かりに究極的には裁判事件になるとしても、それ以前の段階で処理すべき問題が多い。このような問題に対して扶助協会はほとんど援助の手を差しのべていないのである。これも扶助協会の事業の根本的欠陥の一つである。欧米諸国では法律扶助制度は裁判事件に限られず、法律相談、契約書作成、行政手続、紛争の示談解決等広範なものを含んでいるのである。

(3) 運営体制のぜい弱さ

　財政的基盤が弱く活動範囲が狭いことのうらはらとして現在の扶助協会の運営体制はぜい弱で、完全に弁護士会に依存している。これに対し、例えばイギリスでは全国で約1,200人の専属スタッフがおり、そのうち約100人はソリシターである。法律扶助制度における彼我の差異はこの数字を見ただけでも明らかであろう。

(4) PR の不足

　以上の基本的問題点の他にもいくつかの派生的問題点がある。その一つはPRの不足である。一体国民の何パーセントが扶助協会の存在を知っているであろうか。そもそも「法律扶助協会」という名称そのものが一般になじみ難く、かつ何となく「生活扶助」などとの連想が強くて暗いイメージを与えている。扶助協会のスタッフの人達が「法律扶助だより」（51年7月15日号）の座談会で発言しているように、「国民法律サービスセンター」などの現代的名称を考えるべきであろう。また、貧困層に扶助協会を利用させるためには霞が関に座して待つという考え方でなく、こちらから積極的に働きかけるくらいの姿勢が必要である（この点で米国の近隣法律事務所の活動が参考となろう）。

4 制度改革を阻害しているものは何か

　以上に指摘したとおり、わが国の法律扶助制度は欧米諸国のそれと思想的基盤を異にする前時代的なものであり、幾多の問題点を持っている。日本の法律扶助制度の健全な発展を望むとするならば、現状は根本的に改革されなければならない。しかし、そこには少なからざる障害があるように思われる。

　第1は、法律扶助に対する政府や一般国民の無理解、無関心である。わが国は社会福祉一般に対する取り組みが遅れているといわれる。また、法律制度、裁判制度に対する前向きの関心も従来低かった。法律扶助制度はこの二つの無関心領域が重なり合った「暗黒部分」ともいえよう。臨司意見書や法務省の一部（例えば増沢康正「法的扶助の当面の問題について——制度の拡充のために」時の法令858号〔1974年〕15-22頁）には法律扶助制度充実を主張するような姿勢もみられるが、これら政府当局の意見が欧米諸国と同一の思想的基盤に立つものか否かには疑問がある。このような政府の姿勢を転換させていくのには多くの困難が伴うであろう。また、国民にほとんど知られてこなかった法律扶助制度について幅広い各層の理解を得るにも多くのエネルギーを要するであろう。

　国民の関心の低さは近時における扶助申請件数の減少傾向にも現れている。そして利用者が少ないことが現状肯定論につながっているようにも思われる。しかし、利用者が少ないことは潜在的需要が小さいことを意味しない。むしろ、現在の扶助協会がほとんどその存在すら知られず、また知っていてもあまり魅力のないものである点にこそ扶助事業停滞の真の原因があるのではなかろうか？　このような潜在的要扶助者を扶助事業のルートに乗せるための努力が必要である。

　扶助制度改革に対する阻害要因の第2は、弁護士自身の無関心や消極的姿勢である。改革運動の先頭に立つべき弁護士がこの問題に本格的に取り組まないまま、ここに至ったことは大いに反省すべきであろう。

　この関連で指摘すべきことは、従来弁護士が、国の資金による大規模な法律扶助制度を実施すれば扶助事業に対する弁護士会の主導権が失われる

のではないかといった「おそれ」を抱き、それが弁護士の法律扶助問題に対する姿勢を消極的なものにする一因となっていたのではないかと思われることである。たしかに、法律扶助制度は弁護士が運営のイニシャティブをとらなければ実効があがらないし、またそれは弁護士制度全体（殊に報酬問題）と深いかかわりを持っているので、我々は弁護士の意見が十分に反映できないような官僚主導型の法律扶助制度には反対すべきである。しかし、他方法律扶助の運営を弁護士の「縄張」視することは正当でない。特に大規模な扶助制度を実施するのにはそれなりのマン・パワーや各層の協力が不可欠である（前記「法律扶助だより」の座談会で扶助協会職員が弁護士のみによる運営の限界を指摘していることを傾聴すべきである）。扶助事業はその財政から運営まですべて弁護士が担わねばならないと「悲壮」な決意をすることは前時代的法律扶助観の反映でしかない。弁護士は、むしろ、新しい扶助事業創設のために国民各層（この中に国の代表が含まれるのは当然である）に働きかけ、新制度確立運動の中核となる道を選ぶべきであろう。

5　何をなすべきか

　法律扶助制度を新しい思想のうえに立った制度に改革していくには時日を要する。改革に先立つ作業も少なくない。そこで我々は5年後10年後の改革を目指し今から行動する必要がある。

　その第1は弁護士自身の発想転換である。法律扶助事業は裁判を受ける権利や弁護士のサービスを中産階級を含めた広い階層に対して保障するための極めて重要な制度である。この認識が広まったからこそ欧米諸国に新しい扶助制度ができあがったのである。今後は法律扶助制度の充実なくしては法治国として後進国となるであろう。従って、困難を克服して制度の改革に努力することは弁護士の社会的責務である。と同時に、法律扶助制度の充実は弁護士階層の経済的地位向上にもつながる。このことはイギリス等において現実となっている。これをいうと法律扶助制度は「救弁事業」かと反対する者もいるかも知れない。しかし、およそ国家の事業であって結果的に誰かに経済的利益をもたらさないものがあるだろうか？　こののの

論法でいけば国家予算による医療制度は「救医事業」であり、道路の建設は「救建設会社事業」である。これらのことが行えて法律扶助事業が行えない理由は全くない。

　次に、制度改革のための調査・研究活動が必要である。なぜ現行扶助制度の利用者が少ないのか？　潜在的需要はどのくらいあるのか？　といったことについての実証的データの収集、わが国における諸条件の下で最も実効ある制度は何かという研究やモデル立法案の作成等は最低限必要であろう。

　と同時に法律扶助事業の重要性を広く国民にアピールする必要がある。財界・労働界・マスコミ・消費者団体等への働きかけと意見の聴取も行なうべきであろう。

　そして、最後に法律扶助制度の改革が弁護士制度全体にもたらすインパクトを検討する必要がある。殊に、報酬制度を更に合理化していくための努力を怠ってはならないであろう。このような問題を検討していく過程で、弁護士が自らを社会から遊離した存在でなくしていくための契機が見い出されるものと思われる。

第13章

英国の法律扶助制度

1　制度の概要

(1)　概説

　現在の英国の法律扶助制度は1949年の「法律扶助および助言法」によって新しい基本思想の下に始められたものである。同法制定以前にも「プア・パーソンズ・プロシデュア」や「プア・マンズ・ローヤー」等により貧困者に対する法律扶助は行なわれてはいたが、これらはきわめて不十分なものであった。第二次大戦直後、法律扶助制度はもはや慈善や一部弁護士の奉仕活動に依存すべきではなく国の資金により行なわれるべきであるとの認識が広まり、ラシュクリフ卿を委員長とする委員会による数年の検討を経て1949年法が制定されたのである。爾後、1960年、1964年、1972年にそれぞれ制度をさらに充実するための改正法が成立した。現在はこれらすべてを整理統合した1974年の「法律扶助法（リーガル・エイド・アクト）」が基本法になっている（なお、本稿の基礎とした資料はすべて1974年5月頃までのものであり、その後何らかの変遷あってもそれにはふれていないことを予めお断りしたい）。

　1974年法は民事々件に関する法律扶助（「リーガル・エイド」の訳語としてこの言葉を用いる）および法律相談（「リーガル・アドバイス」と「リーガル・アシスタンス」の両者を一括してこの言葉で表現する。その具体的内容については後述する。）を規定した第1篇と刑事々件および少年事件に関する法律扶助を扱った第2篇とから成っているが、本稿では民事の法律扶助および法律相談の制度に限定して紹介する。

(2) 「法律扶助」制度の概要

　まず、「法律相談」と区別された意味での「法律扶助」の概略を述べてみよう。近時の法律扶助制度は二つのパターンに分けられる。一つは、被扶助者が自分の好きな弁護士に依頼し、受任弁護士は一般の依頼者からの依頼事件と同様に事件処理を行なって、その費用を扶助資金から受領するというパターンである。もう一つは、扶助資金により扶助事件のみを扱う法律事務所を設置しそこに傭われた弁護士が扶助事件を担当するというパターンである。英国の法律扶助は第1のパターンに属する。なお、第2のパターンに属するものにはアメリカの近隣法律事務所があり、また、スウェーデンのように両者をミックスした制度を持っている国もある。英国の法律扶助制度の下では、国費を主要な財源とする「法律扶助基金」があり、扶助事件に関するすべての費用はこの基金から支弁される。即ち、扶助決定を受けた者は自分の選んだソリシターやバリスターにより法的手続を行なってもらい、事件を担当したソリシターが扶助基金に費用請求を行なうのである。ソリシターが請求する費用の中には自分の報酬のほか、依頼したバリスターに対する報酬、手続をとるのに要した実費が含まれる。費用の支払の点を除けばソリシターと依頼者との関係は一般依頼者の場合と全く同じである。扶助事件だからといってソリシターやバリスターの権限や義務は何等影響を受けない。

　もっとも法律扶助事件とはいってもすべての場合に完全に無料というわけではない。被扶助者にも一定の金銭的拠出を要求されることがある。その第1は「負担金（コントリビューション）」の納付である。法律扶助を受ける資格者のうちで一定額以上の財産がある者は能力に応じて法定の負担金を納めることになっている（詳細は後述する）。また、事件に勝訴した結果、相手方から損害賠償金や訴訟費用（弁護士費用を含む。以下同じ）の支払を受けることになったときはその一部を拠出しなければならない。例えば、被扶助者が原告で事件に勝訴し相手方から400ポンドの損害賠償と70ポンドの訴訟費用の支払を受ける判決を得たとする（英国では弁護士費用敗訴者負担制度が採用されている）。この場合、被扶助者の訴訟費用として90ポンドが扶助資金から支出されていたとすれば、この勝訴判決分のうち費

用の 70 ポンド全額と賠償金のうちから 20 ポンドを扶助基金に返還することになる（したがって、このような事件の場合には、扶助基金は究極的には支出零ということになる）。では被扶助者が敗訴したときはどうなるか。この場合には、被扶助者自身の費用と相手方の費用の両者が問題になるが、被扶助者自身の費用は扶助基金から支弁される。相手方の費用については、裁判所は被扶助者の支払能力も考慮して「合理的」な額の支払を命ずることになっている。しかし、それでもなお被扶助者が現実に払えず、そのために相手方が財政的苦境に陥るおそれがあるときは、相手方の費用も扶助基金から支弁されることがある。

　現在、法律扶助の対象となる事件は通常裁判所に係属するほとんどの事件（名誉毀損事件等若干のものが例外として除かれる）とランド・トリビューナル（土地価額紛争を扱う）、ナショナル・インダストリアル・リレインションズ・コート（日本の労働委員会に相当）、レストリクティブ・プラクティシズ・コート（日本の公正取引委員会に相当）等数個の行政裁判所の手続である。法律扶助を受けられるのは「処分可能な収入」が年額1,175ポンド（現行為替レート1ポンド500円として587,500円）以下でかつ「処分可能な資産」が1,200ポンド（60万円）以下の者である。この数字を見ると扶助要件が厳格のようにみえるが、上記の「処分可能な収入」や「処分可能な資産」は手取りの収入や手持ち資産から生活に必要な諸費用を控除したものであることに注意しなければならない。ただし、上記の扶助資格者のうち「処分可能な収入」や「処分可能な資産」がそれぞれ375ポンド（187,500円）、250ポンド（125,000円）を超える者は一定額を負担金として納めなければならない。この「処分可能な収入」や「処分可能な資産」はサプリメンタリー・ベネフィッツ・コミッション（生活扶助を担当する行政機関）の財産評価により決定される。また、扶助資格や負担金額決定の指標として用いられる上記の「処分可能な収入」および「処分可能な資産」の限度額は物価の変動等に応じて改定されることになっている。

　上記の財産的要件のほかに、扶助決定を受けるためには、申請者は「当該手続を提起したり、相手方から手続が開始されたときはこれに応戦することについて合理的根拠」があることを示すことが必要である。この要件

は、実務的には、自分の費用で事件を依頼する依頼者の場合に責任あるソリシターがこれを引き受けるかどうかを基準にして判定される。

　これらの要件をみたすかぎり、何人も権利として法律扶助を受けられるのである。英国人でなくても、また英国に住所がなくても、英国の裁判所や行政裁判所での手続である限り扶助を受けられる。

　扶助を希望する者は後述するローカル・コミッティ（上訴事件の場合のみエリア・コミッティ）に必要なデータを添えて申請する（扶助の申請については後述の「法律相談」制度によってソリシターの援助が受けられる）。ローカル・コミッティでは4人のソリシターと1人のバリスターからなる審査委員会によって申請事件を検討し扶助許可ないし拒否の決定を行なう。拒否の決定に対してはエリア・コミッティに異議申立ができる。なお、申請者は予め自分が依頼したいソリシターを定めておくのが原則とされている。

　扶助事件を担当した弁護士の報酬は、上位裁判所での事件については裁判所査定官が査定した額の90％、県裁判所での事件については査定額全額、その他の事件については規則の定めるところによるものとされている（英国では弁護士報酬は当事者の合意で定めることができるが、一定の場合には裁判所査定官が報酬額を査定することになっている）。

(3) 「法律相談」制度の概要

　貧困者が弁護士のサービスを求めるのは裁判事件についてだけではない。否、むしろ裁判ができるのかどうか分らないで困っている者が多いのではないかと推測される。したがって、広義の法律扶助制度の中には法律相談が含まれることが不可欠である。英国では、従来法律相談の面は不十分であったが1972年法により大幅に改善された。

　現在の制度によると、週あたりの「処分可能な収入」が24.5ポンド（12,250円）以下で「処分可能な資産」が250ポンド（125,000円）以下の者は自分の好きなソリシターのところに直接行なって「法律相談」を受けることができる。相談を受けたソリシターは簡単なテストにより相談者の資産状態を確認した上、相談料が25ポンド以内の範囲で依頼に応じ、当該相談料を法律扶助基金から受領するのである。「相談」の内容は法律上の意見を

述べる（「助言」）ことに限らず、紛争の示談解決、契約書や遺言の作成および「法律扶助」の申請についての援助（これらが「援助」である）等通常ソリシターが行なうすべての活動を含む。

　法律相談の場合にも法律扶助の場合と同様、「処分可能な収入」が一定額を超える者は1ポンドから15ポンドまでの額の負担金を納めなければならない。

(4)　**法律扶助制度の財政的基礎と制度の運営**

　法律扶助制度（ここでは「法律相談」も含む意味で用いる。）を支える主たる財源は国費である。国の支出は毎年一定額を拠出するという形をとらず、法律に従って制度が運営された結果必要となる費用をすべて国が引き受けるというオープン・エンドの形をとっている。即ち、法律扶助法の定める要件に該当する限り何人も権利として法律扶助や法律相談を受けられるのであり、予算の枠により件数や1件での扶助額が制限されないようになっているのである。このため、毎年その年の費用の見積が提出され、これによって一応の予算が割当てられるが、もしその見積額で足りなくなれば追加予算が組まれることになっている。

　もっとも前述したように、法律扶助基金には被扶助者からの負担金等国の拠出金以外の金銭も充当される。ちなみに、1973年3月31日に終了した年度（1972年度）において法律扶助基金総額2,960万ポンド（当時の為替レート1ポンド600円として177億6,000万円）の約60％にあたる1,840万ポンド（110億4,000万円）が国費であった。

　法律扶助制度の運営は、大法官の指導の下にロー・ソサイエティが行なっている。そもそも、1949年法は法律扶助制度の内容を自ら定めずロー・ソサイエティに制度の企画を命じ、その授権に基づいてロー・ソサイエティが立案したものが現行制度の基礎をなしている。

　現在現実に法律扶助制度の運営を担当しているのはロー・ソサイエティ評議会がバリスターの団体たるバー・カウンシルのメンバーと大法官の代表とを加えて創設したリーガル・エイド・コミッティである。同コミッティはイングランドとウェールズを12の地域に分け、各地域にエリア・コ

ミッティを置いている。エリア・コミッティはさらに自らの地域内にいくつかのローカル・コミッティを持っている。各委員会にはセクレタリー（事務局長）とスタッフが配置されている。セクレタリーにはソリシターがなることになっており、これを含めてフルタイムで法律扶助運営のために傭われている者は1,200人（うち100人がソリシター）に達している。1972年度において法律扶助運営に要した費用は約370万ポンド（22億2,000万円）であった。

(5) 統計

今まで英国の法律扶助制度の枠組について述べてきたが、それではその現実の姿はどうであろうか。若干の統計を紹介してみよう。前述したように、1972年度における法律扶助基金総額は2,960万ポンド（177億6,000万円）で、うち国庫資金は1,840万ポンド（110億4,000万円）であった。上記金額のうち、民事法律扶助費が2,070万ポンド（124億2,000万円）、刑事法律扶助費が440万ポンド（26億4,000万円）、法律相談費が46万ポンド（2億7,600万円）、制度運営費が370万ポンド（22億2,000万円）であった（1977年度の民事法律扶助の国費は3,745万ポンド（187億2,500万円））。

1968年度から1972年度までの5年間における民事法律扶助決定件数は順に146,833件、160,797件、178,314件、223,954件、204,368件となっている。また1972年度中に合計175,356件が終了したが、このうち82,453件が婚姻・離婚関係事件であり、残りの件数中、上位裁判所事件が9,097件、県裁判所事件が8,773件、治安判事裁判所事件が72,446件、その他（不明のものを含む）が2,587件であった。

扶助事件は約80％の勝訴率を示している。そして、その半数以上の事件において被扶助者の訴訟費用は敗訴者たる相手方から相当分が回収されている。そのこともあって、扶助事件1件当りの扶助基金からのネットの支出は平均50ポンドあまりである。また、前述のように被扶助者のうちのある者は負担金を納付する義務を課せられているが、大体被扶助者の半数くらいが何がしかの負担金を納めているといわれている。

(6) 法律扶助制度の弁護士への影響

英国における法律扶助制度の充実は弁護士の業務や収入に大きな影響を与えた。現在では英国での訴訟事件の約半数は扶助事件であるといわれている。そして、1972年度においてソリシターおよびバリスターに対し扶助基金から支払われた報酬は民事扶助事件について1,400万ポンド（84億円）、刑事扶助事件について420万ポンド（25億2,000万円）であった。この時点で開業していたソリシターおよびバリスターの合計数は約27,000名であったから、扶助基金からの支払は全弁護士一人当り約40万円であったことになる。バリスターやソリシターの中には扶助事件を扱わない者も多いであろうから、比較的事件の少ない若手バリスターやソリシターの一人当りの扶助基金からの収入は相当な額に上っていたものと推定される。事実、かつてはバリスターは開業後数年間は生活できない状態にある者が多かったのに、最近ではそのような状態は消滅したといわれている。

(7) 今後の問題

英国の法律扶助制度はきわめて充実したものになった。しかしなおいくつかの改善すべき点が指摘されている。その1は、いまだ多くの行政手続について扶助制度が適用されないことである。英国では2,000にも及ぶ行政機関があり、市民の紛争の中にはこれら行政機関により処理されるものも少なくない。前述した若干の例外を除き、これら行政手続については法律扶助が適用されていない。この点の改善の必要がいわれている。第2は、法律扶助を受ける資格をさらに広げることと負担金の義務の軽減である。さらに第3には、法律扶助制度を貧困地域の住民にももっと利用させるような方策を講ずることの必要性が指摘されている。即ち、貧困地域の住民はいまだ法律扶助制度の存在を知らず、またはこれを利用するだけの親近感を持っていないことが反省され、これに対処するためアメリカの近隣法律事務所に類似した制度が検討されているのである。

2 法律扶助制度の歴史
―― シートン・ポロック著『リーガル・エイド――最初の25年間』の紹介

(1) はじめに

　法律扶助制度の分野において英国は世界のリーダー的役割を果してきた。その英国において法律扶助制度がいかにして生まれ、その後どのような展開を見せて来たかはわれわれにとってきわめて興味あるテーマである。このテーマにつき、英国の法律扶助制度運営の中心にあるロー・ソサイエティの法律扶助担当事務局長のシートン・ポロック氏が1975年、「リーガル・エイド　最初の25年間」という好個の本を出版した。そこで、前述の内容と重複するところもあるが、以下にその内容を紹介する（以下の紹介はおおむね上記著書の論述の順序に従った）。

(2) 英国法律扶助制度の基本原理

　英国法律扶助制度の基本原理は次の7項目に要約されよう。

1. 財産の有無にかかわらず、裁判所での救済、および裁判所に行くまでもなく法律問題につき弁護士の助言、援助を受けられるようにする制度であること。
2. 法律扶助を受ける者は、その財産状態に応じて、可能な範囲の分担金を負担すること。
3. 法律扶助によるリーガル・サービスは私費で受けるリーガル・サービスと同等の質のものであること。
4. 法律扶助によるリーガル・サービスを提供する弁護士は独立した地位を保持すること。
5. 制度の悪用を防ぐのに必要な事項を除き、弁護士および被扶助者に対して何等の制限も課されないこと。
6. 弁護士には正当かつ合理的な報酬が支払われること。
7. 制度運営に必要な資金は公の負担とすること。

(3) 法律扶助制度創設に至る経緯
(i) 前史

　英国では1495年に「イン・フォルマ・パウプリス」という制度が立法により創設された（1883年からは裁判所の規則の下で存続した）。この制度では、貧困者の申立により、裁判所が一定要件の調査の後有資格者と認めれば、無料で弁護士を付した。弁護士は裁判所による選任命令を拒否できず、かつ、報酬を受けられないというものであった。

　1914年に、「プア・パーソンズ・プロシデュア」なる制度が裁判所規則により創設された（この制度ができてからは、「イン・フォルマ・パウプリス」制度は上訴審にのみ適用されるようになった）。この制度も「イン・フォルマ・パウプリス」制度と大同小異であった。たて前としては、弁護士の報酬および費用を支給するため国費を使うことが認められていたが、実際にはこのような費用のための予算が組まれたことはなかった。

　「プア・パーソンズ・プロシデュア」制度運営について1925年に、後の歴史にとって重要な意義をもつ出来事が起った。それは、同年、1919年に創設されていた法律扶助に関する調査委員会がロー・ソサイエティの勧告に基づき、「プア・パーソンズ・プロシデュア」の運営は爾後弁護士の団体（ロー・ソサイエティ）に委ねるべきであるとの結論を出したことである。この結論は即時実行に移された。しかも、英国史上初めてこの制度運営のための費用（これは弁護士に支払う報酬を含まなかった）は国が負担することになったのである。

　英国法律扶助制度の発展にとって大切なもう一つの出来事は離婚事件の増加であった。1937年の離婚法改正により、離婚事件が飛躍的に増加した。そのため、もはや篤志家弁護士の無料奉仕では事件が処理できなくなった。そして、第二次世界大戦が始まると、弁護士も応召してその数が激減したため、この傾向はますます激しくなり、兵士の士気にも影響を与えた。これを解決するため、1942年、国防省と大法官の要請で、ロー・ソサイエティが「離婚事件サービス部」を創設した。この新機関には月給を払って、専属のソリシターが配置された。これが、法律扶助を担当する弁護士の報酬を公費で支払うようになった最初である。そして、このことが、英国の

法律扶助制度に対する認識を急転換させる契機になった。

なお、国の制度ではないが、民間でも法律扶助を行なう団体があった。その一つは、弁護士有志による法律相談センター、諸民間団体（協会、クラブ、労組等）の主宰する同種のセンターである。

もう一つの注目すべき団体は「シテイズンズ・アドバイス・ビューロー」である。この団体は法律問題に限らず、ソーシアル・ワーカーなどのサービスも含めた広い活動を行なってきている。新しい法律扶助制度実施後は、これとタイ・アップして相互補完的なサービスを行い、現在でもきわめて重要な役割を演じている。

(ii)　**ラシュクリフ委員会の創設と報告書の公表**

前記「離婚事件サービス部」の創設と同じ背景の下に、1944年5月、法律扶助制度に関する抜本的対策を検討するため、ラシュクリフ卿を長とする委員会が設置された。

ラシュクリフ委員会は、多数の団体、個人の意見を徴した。しかし、同委員会の報告書（1945年5月公表）に決定的な影響を与えたのはロー・ソサイエティの意見書であった。ロー・ソサイエティは、当時どこにもなかったような全く新しい法律扶助制度の創設を提唱した。それは、民事々件、刑事々件をカバーし、さらに遺言、法律文書の作成等弁護士の行なう法律事務を広く包含するようなものであった。また、ロー・ソサイエティは、法律扶助を担当する弁護士は国や公共団体に雇傭されている者ではなく、一般開業弁護士であるべきこと、および制度の運営はロー・ソサイエティが中心になって行なうべきであることを主張した。ラシュクリフ委員会はロー・ソサイエティの意見を大幅に採用した。ただし、同委員会の結論では、刑事々件および口頭による法律相談以外の非訴訟事件は扶助の対象から外された（刑事々件は既存の制度に沿って行なうべきものとされた）。

以上のほか、ラシュクリフ委員会報告書の内容で注目すべき点は、扶助は必ずしも「貧困者」だけでなく、より幅広い層を対象とする反面、扶助者のうち一定の財産状態のものは、相応の分担金を支払うべきものとしていること、弁護士報酬は一般の場合と同じ程度の額であるべきことなどで

ある。また、同委員会は、この新しい制度を一般国民に知らせるためのPRが必要であることを力説している。

(iii) ラシュクリフ委員会報告書による新しい法律扶助制度の実施

　1945年7月、大法官はラシュクリフ委員会報告書がいまだ政府の検討を経ていない段階で、ロー・ソサイエティに対し、直ちに同報告書に基づく新法律扶助制度の実施要綱を作成するよう要請した。これを受けて、ロー・ソサイエティは特別委員会を設置し、同委員会は、バリスターの団体たるバー・カウンシル、裁判所、福祉行政を担当する諸機関等の意見を徴しつつ、実施要綱を作成した。

　ロー・ソサイエティによる実施要綱作成と併行して、政府はラシュクリフ委員会報告書を大筋で承認し、その実施に対する熱意を示した。1948年ロー・ソサイエティの実施要綱に基づいて「リーガル・エイド・アンド・アドバイス・アクト」の法案が作成され国会に提出された。この法案は国会で与野党の一致した支持を受け、1949年7月法律が成立した。

　ロー・ソサイエティは法律扶助委員会という常設委員会を発足させ、さらに同委員会により11の地域委員会（エリア・コミッティ）を創設した（英国全土を11の地域に分け、各地域ごとにこの委員会を置いた）。上記法律扶助委員会と各地域委員会には専任の事務局長（いずれも弁護士）を置き、実施要綱の細則を検討、決定した。全く新しい制度であったから、制度の趣旨・内容を各地方のすみずみまで徹底することがきわめて重要であった。地域委員会はさらに、自らの地域における実施細目を検討し、その下に地方委員会（ローカル・コミッティ）を置いた。また、実施に先立って、必要な物的施設、人員（とくに弁護士たる職員）の確保および制度に関する説明、教育といった準備が行なわれた。

　新制度の実施についての最大の問題は財源であった。被扶助者の数を予測することは困難であったため、予算額は上限を設けず必要な額全額ということとされた。しかし、一方では制度の濫用を防止する観点からきびしい会計のチェックが行なわれることになった。いずれにせよ、このように大胆な予算措置を設けさせた背景には、この頃福祉国家の建設という気運

がきわめて盛り上がっていたことがある。

　かくして、新しい法律扶助制度は1950年から実施に移されたが、当初、この制度が適用されたのは上級裁判所における手続だけで、数の上では圧倒的比重を占めるカウンティ・コート、マジストレート・コート等の事件には適用されなかった。また、法律相談についても扶助は及ばなかった。これは、主として財政的理由によるものであるが、新制度実施のための人的、物的施設を段階的に整備するという考慮も働いたためである。

　新制度の実施は弁護士にも利益をもたらした。それは依頼者が低所得者層にも拡大し、より安定した経済的基盤の確立に資するところ大なるものがあったからである。

(4)　新制度の内容

　これは大筋において、前述1の『(2)「法律扶助」制度の概要』の項で述べたことと同一である。

(5)　最初の10年間における実施状況

　当初上級裁判所の手続にしか適用されなかった新制度は1956年1月からカウンティ・コートにも適用されることとなった。これにより扶助事件の飛躍的増加が見込まれたため、各地域委員会の専任事務局長は自己の地域のカウンティ・コートを巡回し、事件の処理状況の調査を行なうなど慎重な準備の下にカウンティ・コートへの適用が実施されたのである。しかし、ある種類の事件に対する適用除外の存在などが原因で扶助事件は予想されたほど増加しなかった。

　最初の10年間においては、新制度に対する国民の支持は必ずしも十分とはいえなかった。むしろ、制度の濫用による国費の無駄使いを警戒する風潮が強かった。また、弁護士にも、扶助事件でどれだけ費用を使ってもよいのか（後日、「無駄使い」として国庫からの償還を受けられないのではないか）という不安があった。さらに、離婚事件が扶助事件のかなりの部分を占めたため、新制度は婚姻関係の破壊に手を貸すものだといった非難もあった。法律相談への適用がなかったことも新制度の利用を不活発にした

大きな原因であった。国民の間に根強く存在していた「弁護士は金持だけが利用するもの」という感覚が払拭されなかった。

このような状況の下で、1955年6月下院に法律扶助制度の現状を調査するための特別委員会が設置され、この委員会は1956年2月報告書を下院に提出した。この報告書は、新制度に対する一般の批判を吟味した上、法律相談分野への扶助の適用がきわめて重要であることを指摘した。

前述のように、最初の10年間における扶助制度の利用は芳しくなかった。実施後最初の完全年度である1951年4月1日から1952年3月31日までの期間に申請件数48,700件、扶助件数39,453件であったものが、1959年3月31日に終了した年度においては申請件数36,171件、扶助件数22,913件と利用が大幅に減少した。この最大の理由は、1948年に設定されそのまま据置かれていた財産面での資格要件が、相次ぐインフレの結果ますます資格者の範囲を狭めていった点にあった。

ただ、この期間に、新制度の運営に関する知識・経験の集積があった。各地域委員会は独自のシステムを考案するなどして運営にあたった。もっとも、この〝独自性〟が制度の統一的運営に障害となる面もあり、後に改善された。

(6) 1959年から1969年まで

前述のように、英国の新法律扶助制度の最初の10年間はどちらかといえば沈滞した状態にあった。

この状態に変化が現われたのは1959年である。この頃、相談の分野における扶助の欠落を問題視していたロー・ソサイエティの働きかけで、一定の財産上の要件を備えた者に対しては、30分間の無料法律相談(正確には、制度の濫用防止のため、12.5ペンス(当時の為替レートで約125円)の名目的相談料を払わせる)が与えられ、このような相談をしたソリシターは30分間の相談料として1ポンド(当時の為替レートで1,000円。後に倍額に引き上げられた)を受領できるという制度が実行に移された。この法律相談制度は、もちろん一歩前進であったが、ソリシターへの報酬がきわめて低いこと、資格要件が厳格であること、口頭による相談に適用されるのみ

であることの基本的問題を抱えていた。

　ロー・ソサイエティは、利用者の範囲を拡大するため、上記の「法定法律相談制度」を補完する制度として、財産的資格要件の有無にかかわらず、30分間1ポンド（1,000円）でソリシターが相談に応ずる制度（「自主法律相談制度」）を同時に実施した。

　1960年リーガル・エイド・アクトの改正法が成立したことにより、法律扶助を受けられる対象者の範囲が大幅に拡大された。また、1961年5月、法律扶助制度がマジストレート・コートにも適用されることとなった。これらの改正の結果、1961年3月に終った1年間において、扶助決定事件数は前年の26,317件から41,328件に増加し、1966年3月に終る年度には222,637件と飛躍的に増加したのである。

　これらの扶助件数増加に伴い、制度運営にも徐々に変更が加えられた。申請手続や事後処理が統一した方法により行なわれ、権限の下部組織への委譲等が実施された。コンピューターも導入された。ただし、扶助決定を行なうか否かなどの基本的決定は、現に実務に従事している弁護士で構成する委員会が行なうという基本原則は常に貫徹された。これは、扶助を与えるべき事件か否かの判定（ことに財産上の要件以外の事件のスジに関する判定）は実務弁護士が行なうべきであって、このことは行政上の便宜や効率に優先させるべきものとされたのである。

　扶助事件の増加に伴い当然費用も増加した。英国経済が次第に停滞してくる中での法律扶助費用の増加には批判もあった。しかし、法律扶助制度の運営関係者はこの批判を乗り切った。1970年ロー・ソサイエティが、新しい法律相談扶助制度の導入を提唱したとき、当時の会長ゴドフリー・モーリーは、「新制度の導入により新たに300万ポンド（当時のレートで約24億円）の予算が必要だ。しかし、ロンドンの地下鉄工事を1マイル行なうのに800万ポンドかかる。われわれは、扶助制度充実のためにあと地下鉄660ヤード分の出費を必要とするだけだ」と言ったのは有名である（英国でも法律扶助の予算は福祉のための予算の0.01％にすぎない）。

(7) 新しい発展

　1960年代の後半頃英国の法律扶助制度に重要な影響を与えるような状況が出来つつあった。その大きな契機となったのはアメリカにおける法律扶助制度、ことに近隣法律事務所の設立と活動である。アメリカの近隣法律事務所は、国費により貧困者の居住地域に開設され（もっとも開設・運営を国が企画・管理するわけではなく、自主的に開設された事務所に国費が使われるだけである）、専属の弁護士が、単に通常の意味での法律相談や事件処理を行なうだけでなく、当該地域における法律・社会・経済問題等を積極的に掘り起して地域住民に奉仕する点に大きな特色を持っている。

　英国においては1961年に法律相談の分野が扶助制度の中にとり入れられたが、前述の如く、これは不十分なものであった。このことは識者の間でよく認識されていたので、アメリカの近隣法律事務所の発達は英国の法律扶助制度に関する新たな論議を巻き起した。ロー・ソサイエティは1965年、ソリシターが25ポンドを限度として、国費により被扶助者の必要とするあらゆるリーガル・サービスを提供できるようにする新制度（しばしば「25ポンド・スキーム」と呼ばれる）の創設を提唱した。労働党弁護士協会は、1968年「ジャスティス・フォア・オール」というパンフレットを発表しアメリカの近隣法律事務所にならった制度の導入を主張した。一方、保守党系弁護士のグループは「ラフ・ジャスティス」なるパンフレットを発表し、アメリカ型の近隣法律事務所そのものの導入には反対しながらも、貧困地域に法律事務所をつくることを補助金により奨励すべきことを主張した。

　1968年ロー・ソサイエティは覚え書を発表して、前記25ポンド・スキームと専属のソリシターを置くアドバイザリー・リエゾン・サービスの創設を提唱した。後者は、リーガル・サービスを必要としている人達の発掘のため、政府・民間諸団体（ことに英国で市民の問題解決に非常に重要な役割を果たしてきたシチズンズ・アドバイス・ビューロー）と法律事務所との間の連絡・協力を推進するための機関とされた。なお、ロー・ソサイエティはアメリカ型近隣法律事務所は、英国においては、弁護士の守備範囲を越える、としてその導入には消極的立場をとった。ロー・ソサイエティは、

さらに、1970年大法官の諮問により、現行法律制度に対する具体的改正案を盛り込んだ報告書を作成提出した。この中では次の諸点が勧告されている。

(1) リーガル・サービスを必要とする人達がこれを受けない原因は奈辺にあるかを調査すること。
(2) 25ポンド・スキームを創設すること。
(3) 11人のリエゾン・オフィサーを指名すること。
(4) 完全な形でのリエゾン・サービスと近隣法律事務所の導入は勧告しないが、それらの実験的試みは歓迎すること。
(5) マス・メディアと広く住民に接する官公所を通じて25ポンド・スキームの宣伝をすること。
(6) シチズンズ・アドバイス・ビューローと地方公共団体との連絡を一層密にすること。

　この報告書に基づき、1972年の「リーガル・アドバイス・アンド・アシスタンス・アクト」が制定されたのである。この新法では25ポンド・スキームとアドバイザリー・リエゾン・サービスの両者が採用されているが、このうち前者だけが1973年4月から実施されたのである。
　一方、1970年に、悪名高きロンドンの貧困街ノース・ケンジントンに、ロー・ソサイエティの援助の下に近隣法律センターが開設された。ロー・ソサイエティから大法官に働きかけ、この近隣法律センターでは法律扶助制度の便益を受けられることとなった。この第1号近隣法律センターの創設に刺激されて、次々と類似のセンターが開設され、1975年までにその数は14となった。
　このような近隣法律センターの創設については新たに任命されたアドバイザリー・リエゾン・オフィサーの活躍が目覚ましかった。彼は、ロンドンのブリクストン地区の実験から、貧困地区では専属弁護士を雇傭した近隣法律センターの開設なくしては問題が解決しないことを知り、近隣法律センターの開設に努力したのである。彼は、幅広い政府・民間諸団体と接

触を持った。また、彼は、マジストレート・コートにおける当番弁護士制度、弁護士紹介簿などの創設に力があった。

　1972年、ロー・ソサイエティは、専門の広告会社に委任して、テレビと新聞を使った新制度の広告を行なった。これは大々的に行なわれたわけではなかったのにかかわらず、きわめて影響力の大きいものであることが判明した。

　このような諸活動の結果、法律扶助制度に対する関心は高まった。地方の弁護士会も非常に積極的になり、法律相談、マジストレート・コートでの当番弁護士制などに参加する弁護士の数も増加した。

　むしろ、活動の活発化により、制度の統一的運営に障害が起るのではないかとの懸念が生じた。同じ目的を果すための活動がいくつかの団体により行なわれるための混乱、公費のとり合いなどの弊害がみられた。

　ただ、このような多少の弊害もいわば「創設的混乱」と評価される。自発的に活動する諸団体の関係を調整する努力により、今後解決されていくものと考えられている。

(8)　総括

　現在、法律扶助の対象となりうるような事件（例えば会社事件のような事件を除く）の半数が現に法律扶助事件と見積られている。1950年10月から1975年3月31日までの期間の法律扶助事件数は2,185,494件、これに支出された国費は161,273,000ポンドである。

　法律扶助制度の充実・発展は、扶助事件の処理を通じて、法制度、裁判制度にも影響を与えた。例えば離婚法を単純かつ人道的にしたことや、1971年の裁判所法によるアサイズ制の廃止とクラウン・コートの新設がその一例である。

　英国の法律扶助制度にもいくつかの問題点があることが指摘されている。

　第1は、制度が、いくつかの例外を除き、行政手続に適用されないことである。英国ではきわめて多くの行政機関が——準司法手続により——広範な事項にかかわる紛争処理を行なっているのにこれらの手続に法律扶助が及ばない。

第2は、名誉毀損事件など一定の種類の事件に扶助が及ばないことである。

　第3は、財産上の資格要件が—次第に緩和されてきたとはいえ—いまだ相当数の潜在的要扶助者を除外していることである。ちなみにカナダのオンタリオ州の法律扶助制度案では財産上の資格要件が全廃されている。

　以上のほか、リエゾン・サービスの充実により貧困者の必要としている法的救済を掘り起すための努力がなされなければならないとされている。この領域においてはソーシアル・ワーカー等法律以外の部門を担当している人達との一層の協力が必要である。

《著者紹介》
吉川　精一　弁護士
（よしかわ　せいいち）

●──略歴
1941 年　神奈川県生まれ
1963 年　東京大学法学部卒業
1965 年　弁護士登録（第二東京弁護士会）
1969 年　米国ワシントン州立大学ロースクール比較法修士（MCL）取得
1969 年　Squire Sanders & Dempsy 法律事務所　勤務
1973 年　Whitman & Rans 法律事務所　勤務
1993 年　第二東京弁護士会会長、日本弁護士連合会副会長
1999 年　法制審議会委員（～ 2001 年）
2001 年　財団法人法律扶助協会副会長、法務省出入国管理政策懇談会委員
2002 年　日本弁護士連合会国際活動に関する協議会議長（～ 2008 年）
2007 年　国際法曹協会（IBA）理事

●──主要業績
『英国の弁護士制度』（日本評論社、2011 年）
「EU 競争法違反を理由とする英国での損害賠償訴訟」国際商事法務 35 巻 1 号（2007 年）
『ビジネス法律文書のノウハウ』（共著　有斐閣、1984 年）

プロフェッションとしての弁護士

2024 年 9 月 30 日　第 1 版第 1 刷発行

著　者──吉川精一
発行所──株式会社　日本評論社
　　　　　〒170-8474　東京都豊島区南大塚 3-12-4
　　　　　電話 03-3987-8621（販売：FAX－8590）
　　　　　　　 03-3987-8592（編集）
　　　　　https://www.nippyo.co.jp/　振替　00100-3-16
印刷所──株式会社平文社
製本所──牧製本印刷株式会社
装　丁──図工ファイブ

JCOPY 〈（社）出版者著作権管理機構　委託出版物〉
本書の無断複写は著作権法上での例外を除き禁じられています。複写される場合は、そのつど事前に、（社）出版者著作権管理機構（電話 03-5244-5088、FAX03-5244-5089、e-mail: info@jcopy.or.jp）の許諾を得てください。また、本書を代行業者等の第三者に依頼してスキャニング等の行為によりデジタル化することは、個人の家庭内の利用であっても、一切認められておりません。

検印省略　Ⓒ 2024　YOSHIKAWA Seiichi
ISBN978-4-535-52814-7　　　　　　　　　　　　　　　　　　　　　Printed in Japan